beck'sche reihe

bsr

Vor 20 Jahren begann der Untergang der DDR. Zeit also, um zurück zu blicken und sich Fragen zu stellen. Ilko-Sascha Kowalczuk beantwortet in diesem Buch die wichtigsten in anschaulicher und lebendiger Weise. War die DDR eine Diktatur? Mussten alle Jugendlichen Mitglied der FDJ werden? Warum waren die Handwerker die heimlichen Könige der Ostdeutschen? Warum hatte die DDR eine Reichsbahn, wo es doch kein Reich mehr gab? Warum klapperte der Trabant? Warum brachte sich der Westbesuch sein Toilettenpapier mit? Liebte MfS-Minister Mielke alle Menschen? Und nicht zuletzt: Hätte die Bundesrepublik von der DDR etwas lernen können?

Ilko-Sascha Kowalczuk, geb. 1967, Dr. phil., Historiker, arbeitet seit mehreren Jahren als Projektleiter in der Forschungsabteilung der Birthler-Behörde. Er hat zahlreiche Bücher zur DDR-Geschichte veröffentlicht. Im Verlag C. H. Beck erschien von ihm *Endspiel. Die Revolution von 1989 in der DDR* (2009).

Ilko-Sascha Kowalczuk

Die 101 wichtigsten Fragen
DDR

Verlag C. H. Beck

Gewidmet dem Journalisten, Historiker und Publizist Karl Wilhelm Fricke, **1929** geboren, **1949** aus der Ostzone geflüchtet, **1959** nach einer Entführung durch das MfS aus West-Berlin und vierjähriger Haft in die Bundesrepublik entlassen, vielfach geehrt und ausgezeichnet, verdankt ihm die Öffentlichkeit jahrzehntelanges, bis heute andauerndes Engagement bei der Aufklärung über die SED-Diktatur, und ohne «**1989**» hätte ich nicht die Möglichkeit gehabt, ihn, dem ich unendlich viel verdanke, persönlich kennen lernen zu dürfen.

Originalausgabe
© Verlag C. H. Beck oHG, München 2009
Satz: Fotosatz Reinhard Amann, Aichstetten
Druck und Bindung: Druckerei C. H. Beck, Nördlingen
Umschlagabbildung: Palast der Republik von innen
© Ifa Bilderteam / Löhr / Jupiterimages
Umschlaggestaltung: malsyteufel, Willich
Printed in Germany
ISBN 978 3 406 59232 4

www.beck.de

Inhalt

Vorbemerkung 11

Die Gründung der DDR 13
1. Wer war verantwortlich für die deutsche Teilung? 13
2. Wie entstand die SED? 13
3. War die «antifaschistisch-demokratische Umwälzung» das Ergebnis eines Klassenkampfes? 15
4. Was war das «Blocksystem»? 16
5. Ist die Sowjetunion für die Kriegsschäden materiell und finanziell entschädigt worden? 18
6. Gab es die Chance für einen «deutschen Weg zum Sozialismus»? 19
7. Warum hießen Vertriebene in der SBZ/DDR «Umsiedler»? 21
8. Wollte Stalin die DDR? 23
9. War die berühmte «Stalin-Note» ernst gemeint? 24

Ideologie und Herrschaftssystem 27
10. Was ist Kommunismus? 27
11. Welche Rolle spielte die SED in der DDR? 29
12. Warum sollten sich Historiker nicht so sehr mit Fragen der Vergangenheit beschäftigen? 30
13. Instrumentalisierten die Kommunisten die Geschichte des «Dritten Reiches»? 31
14. War die DDR ein Friedensstaat? 32
15. War die DDR ein Unrechtsstaat? 34
16. Wohin ging man zum «Zettelfalten»? 36
17. Wie mächtig war das MfS? 37
18. Wer war der ABV? 39
19. Gab es die «sozialistische deutsche Nation»? 40
20. Mussten alle Jugendlichen Mitglied der FDJ werden? 41
21. Wie bildete die Volksbildung das Volk? 42

22. Was war die «sozialistische Persönlichkeit»? 43
23. Warum hatte die DDR eine Reichsbahn, wo es doch kein Reich mehr gab? 44
24. Wie gelang es dem SED-Regime, die Bürger an sich zu binden? 45
25. Was bedeuteten die Symbole im Staatswappen? 47
26. War die DDR eine Diktatur? 48

Die DDR in Deutschland und der Welt 50

27. Von wem wurde die DDR als Staat anerkannt? 50
28. Warum bezahlte die Bundesrepublik für politische Gefangene der DDR? 51
29. Konnten die Deutschen sich trotz Mauer besuchen? 52
30. Wem gelang die spektakulärste Flucht? 54
31. Kontrollierte das MfS heimlich das politische Geschehen in der Bundesrepublik? 55
32. Wie viele Ausländer lebten in der DDR? 57
33. Mochten die DDR-Bürger die sowjetischen «Freunde»? 58
34. Gab es eine deutsch-polnische Freundschaft? 60
35. Warum kam Honecker nie ins Weiße Haus oder in Downing Street No. 10? 61
36. Was bedeutete «antiimperialistische Solidarität»? 62

Wirtschafts- und Sozialpolitik 64

37. Hatte die DDR wirtschaftlich überhaupt eine Chance? 64
38. Gab es soziale Ungleichheit? 66
39. Gab es Arbeitslose? 67
40. Was gab es auf dem Schwarzmarkt? 68
41. Konnte man in der DDR mit der DM bezahlen? 69
42. Machte das Gesundheitssystem krank? 70
43. Waren Frauen emanzipiert? 71
44. Warum waren die Felder in der DDR so groß? 73
45. Was hieß «Einheit von Wirtschafts- und Sozialpolitik»? 75

46. Warum stank die Saale selbst im Paradies? 78
47. War die DDR die zehntgrößte Volkswirtschaft der Welt? 79

Alltag 81
48. Warum waren Handwerker die heimlichen Könige der Ostdeutschen? 81
49. Warum waren Uniformierte und Funktionäre so unfreundlich? 82
50. Warum war in der DDR alles so grau? 83
51. Wo verbrachten die Menschen ihren Urlaub? 84
52. Gab es Rechtsextremismus und Antisemitismus? 85
53. War die DDR wirklich frei von Drogenproblemen? 86
54. Gab es Pferderennen? 87
55. Warum brachte sich der Westbesuch sein Toilettenpapier mit? 88
56. Warum war FKK so beliebt? 89
57. Warum klapperte der Trabant? 91
58. Wozu schrieb man Eingaben? 92
59. Wie lautete die Standardantwort eines Verkäufers? 93
60. Warum musste man immer alles dialektisch sehen? 94

Kunst, Kultur, Sport 95
61. Was bedeutete «sozialistischer Realismus»? 95
62. Wohin führte der «Bitterfelder Weg»? 96
63. War die DDR ein «Leseland»? 96
64. Was war die «zweite Kultur»? 97
65. Was war auf den Theaterbühnen zu sehen? 99
66. Wie sah «sozialistische Baukunst» aus? 100
67. Was sahen die DDR-Menschen, wenn sie fernsahen? 101
68. Gab es Hippies, Punks und Skins? 102
69. Wurden die Puhdys «Alt wie ein Baum»? 103
70. Warum war die «Olsenbande» so beliebt? 105
71. Warum trugen die erfolgreichsten DDR-Diplomaten Trainingsanzüge? 107

Inhalt 7

72. Wer war der beliebteste Sportler? 109
73. Was war die merkwürdigste Sportstätte der DDR? 110

Kirchen, Widerstand, Verfolgung 112

74. Warum gab es überhaupt Kirchen in der DDR? 112
75. Was wollte die «Kirche im Sozialismus»? 114
76. Was geschah am 17. Juni 1953? 115
77. Warum baute die SED eine Mauer? 118
78. Gab es immer Widerstand gegen die SED-Diktatur? 120
79. Gab es «68er» auch in der DDR? 122
80. Was wollten Robert Havemann und Wolf Biermann? 124
81. Was hatte die unabhängige Friedensbewegung mit den Kirchen zu tun? 126
82. Was wollte die Opposition in den achtziger Jahren? 127

Revolution und Wiedervereinigung 129

83. Warum wollte SED-Ideologe Kurt Hager nicht tapezieren? 129
84. Warum war die SED-Diktatur gerade 1989 an ihr historisches Ende gelangt? 130
85. Was war neu am «Neuen Forum»? 131
86. Was wollte die SDP? 133
87. Was waren die «Montagsdemos»? 135
88. Warum fiel die Mauer gerade am 9. November 1989? 137
89. Welche Strategie verfolgte die SED 1989/90? 139
90. Liebte MfS-Minister Mielke alle Menschen? 141
91. Was war der Runde Tisch? 142
92. Wie wurde das MfS aufgelöst? 144
93. Warum kam die Einheit ausgerechnet am 3. Oktober 1990? 146
94. Fand 1989 in der DDR eine Revolution statt? 147

Nachleben 150
 95. Hätte die Bundesrepublik von der DDR etwas lernen können? 150
 96. Warum ist eine Ostdeutsche Bundeskanzlerin geworden? 151
 97. Warum müssen wir uns mit der DDR beschäftigen? 151
 98. Warum gibt es Ostalgie? 152
 99. Ist «Die Linke» Nachfolgepartei der SED? 154
100. Warum war das neue Europa nur nach dem Mauerfall möglich? 155
101. Ist die DDR bloß eine historische Fußnote? 156

Auswahlbibliographie 157
Bildnachweis 159

Vorbemerkung

Frage: Wann kommt die Wiedervereinigung?
Antwort: 2014. Dann wird die DDR 65 Jahre alt und darf rüber. (1980er Jahre)

Die Deutsche Demokratische Republik existierte vom 7. Oktober 1949 bis zum 2. Oktober 1990. Auf der politischen Landkarte war sie praktisch bereits Monate zuvor verschwunden. Irgendwann 1989/90 gab es die DDR, wie sie ihre Bewohner und die Welt seit Jahrzehnten kannten, nicht mehr – in der Weltgeschichte kein sonderlich aufregender Umstand, für die Betroffenen, die Zeitzeugen, die Beobachter aber noch heute ein Vorgang, der ihre Gemüter in Wallung bringt. Der Kommunismus als Staatsform ging 1989/91 in Europa unter. Die Staaten blieben entweder bestehen (z. B. Polen, Ungarn, Bulgarien, Rumänien) oder zerfielen in jene nationalstaatlichen Einzelbestandteile, die von den kommunistischen Imperatoren mit harter Hand zusammengehalten worden waren (Sowjetunion, Jugoslawien, CSSR). Aber nur die DDR verschwand. Sie hat zwar als Staat aufgehört zu existieren, lebt aber vielfältig weiter. Auch das ist historisch alles andere als ungewöhnlich. In den letzten zwanzig Jahren ist mit der DDR-Geschichte Politik gemacht worden. Keine politische Strömung verzichtete darauf. Auch Medien, Kunst und Kultur, Wissenschaft und politische Bildung beschäftigen sich mit ihr. Und ebenso spielt sie im Alltag, in Kneipengesprächen oder Predigten, eigentlich überall immer wieder eine Rolle. Egal ob es um Solibeitrag, Bildungswesen, Wirtschaft, Sozialpolitik, Sport, Gesundheitswesen oder vieles andere geht – die Tote ist fast immer dabei.

Für Historiker bietet die DDR-Geschichte reichlich Anschauungsmaterial, wie eine zur Staatsgewalt gewordene Ideologie eine Gesellschaft deformieren kann. Diese Vergangenheit ist vielfarbig, weil sie nicht nur von Ideen, Ideologien, staatlichen Strukturen, Mauertoten, Geheimpolizei, Terror und Repression erzählt, sondern auch von

Mut, Widerstand, Ungehorsam, Opposition und nicht zuletzt davon, wie sich Menschen einrichten, unterordnen, mitmachen, überzeugt von «der Sache» sind, wie sie das eine sagen und das andere meinen, wie sie sich abducken, wie sie sich begeistern, wie sie leben, wie sie sich wehren und behaupten. Die Deutsche Demokratische Republik war weder demokratisch noch republikanisch. Obwohl importiert, stand sie aber auch nicht gänzlich quer zur deutschen obrigkeitsstaatlichen, antifreiheitlichen Tradition. Dieses Büchlein erzählt von einigen wesentlichen Eckpfeilern der DDR-Geschichte, es greift auch einige vielleicht auf den ersten Blick weniger wesentlich erscheinende Fragen auf. Hier wird keine konzise DDR-Geschichte angeboten, sondern ein Mix verschiedener Blickwinkel auf diese Geschichte. Das Büchlein will Lust machen auf mehr. Keine Frage konnte erschöpfend behandelt werden. Die meist zugespitzten Antworten sollen eher anregen, es genauer wissen zu wollen.

Das Buch richtet sich vor allem an jene, die nicht sonderlich viel von dieser Geschichte wissen, aber wissen wollen und einen ersten Einstieg suchen. Zentral ist dabei nicht die Frage, ob etwas «gut» oder «schlecht» war. Das leitende Motiv ist Freiheit versus Unfreiheit, «frei» oder «unfrei» – für mich sind das die entscheidenden Kategorien, die mich an Vergangenheit, Gegenwart und Zukunft interessieren. Bei aller Sachlichkeit verhehlt dieses Büchlein nie, dass für mich die DDR wirklich nur historisch interessant ist – obwohl sie existierte, Millionen Menschen prägte, vielen als Alternative erschien, manchen noch immer als solche erscheint und ein reichhaltiges Nachleben führt, das aber nicht zum Nachbeben geeignet ist, sondern nunmehr ein drittes, sehr langsames Sterben erfährt: zuerst starb sie, als sie selbst zwischen 1949 und 1989 ihre angeblichen Ideen ständig verriet und diejenigen Menschen verfolgte, vertrieb, erschoss, die sich dieser Gegenwart zu erwehren suchten; dann starb sie 1989/90, als sie im Zuge einer Revolution ihre Staatlichkeit verlor; und seither stirbt sie nochmals – das kann länger dauern als ihre eigentliche Existenz. Denn so lange Menschen um sie streiten, kämpfen und womöglich mit ihr Zukunftsvisionen verbinden, ist sie nicht tot. Am Ende, da bin ich mir ganz sicher, wird ihr endgültiger Tod stehen, weil sie prinzipiell unfrei, ungerecht, unsozial, unattraktiv, unmodern, unlustig, unbeweglich war – ganz unabhängig davon, wie der Einzelne sie selbst wahrgenommen hat. Viele haben sie sogar anders wahrgenommen – in Ost wie West.

Die Gründung der DDR

1. Wer war verantwortlich für die deutsche Teilung? Die Antwort auf diese Frage ist einfach und auf der Hand liegend: die Nationalsozialisten. Denn ohne ihr Regime, ohne ihre Massenverbrechen, ohne den Zweiten Weltkrieg und ohne den Holocaust, wären weder die Alliierten nach Deutschland gekommen noch hätten sie sich so eingehend Gedanken darüber machen müssen, wie so etwas von Deutschland aus künftig verhindert werden könnte. 1945 war nicht nur Deutschland am Boden, zugleich standen sich hier zwei Mächte gegenüber, die gegensätzliche Staatssysteme vertraten: die USA als Sinnbild der westlichen Demokratie und die UdSSR als Mutterland der kommunistischen Diktatur. Beide hatten Interesse daran, ihre unter schweren Opfern errungenen Positionen in Zentraleuropa nicht aufzugeben, ihren Herrschaftsbereich auszudehnen und ihr Gesellschaftsmodell regional auszuweiten. Kompromisse zwischen den einstigen Verbündeten waren nicht möglich, da sie der jeweils anderen Seite misstrauten und der bald nach 1945 einsetzende «Kalte Krieg» eines militärstrategischen Kräftegleichgewichts bedurfte, um nicht in einem neuen «heißen» Krieg zu münden. Deutschland war ein Hauptschauplatz des Kalten Krieges, die Teilung des Landes die sichtbarste Wunde, die sowohl die nationalsozialistische Schreckensherrschaft hinterlassen wie die globale Systemauseinandersetzung zwischen Ost und West befördert hatte. Alle anderen Faktoren, die die deutsche Teilung begünstigten, waren zweitrangig. Denn sie wäre nur vermeidbar gewesen, wenn eine Seite ihre Ideale aufgegeben hätte: der Westen Freiheit und Demokratie, der Osten den Kommunismus. Einen «dritten Weg» gab es nicht. Die Geschichte der Sowjetischen Besatzungszone (SBZ) und der DDR ist unauflöslich verknüpft mit der Geschichte des Kalten Krieges und der Ost-West-Konfrontation.

2. Wie entstand die SED? Viele deutsche Kommunisten und Sozialdemokraten emigrierten nach 1933, um ihr Leben zu retten. Zehntausende sperrten die Nationalsozialisten in Zuchthäuser und Konzentrationslager. Viele kamen dort ums Leben. Nach der Befreiung vom Nationalsozialismus lebte ein Traum der Arbeiterbewegung, die seit Ende des Ersten Weltkrieges tief gespalten war, wieder auf – die Vereinigung der sozialdemokratischen und kommunistischen Parteien. Das war ein unrealistischer Traum, hatten doch die Kommunisten seit 1928 die Sozialdemokraten als «Sozialfaschisten», als «linken Flügel» des Faschismus beschimpft und sie als ihre «Todfeinde» ebenso bekämpft wie die Nationalsozialisten.

Die deutschen Kommunisten bereiteten sich im sowjetischen Exil seit 1943 auf die Nachkriegszeit vor. Ihnen war bewusst, dass die Bildung einer Regierung unter ihrer Vorherrschaft nur mit sowjetischer Unterstützung möglich sein würde. Im Juni 1945 wurden in der SBZ KPD und SPD als Parteien wieder zugelassen. Zunächst stand der Wiederaufbau der Organisationsstrukturen im Vordergrund. Der KPD gelang dies schneller und rascher, da sie auf die Unterstützung durch die sowjetische Besatzungsmacht setzen konnte. Auch in den drei Westzonen wurde die KPD von der Ostberliner Zentrale aus geleitet. Die SPD rekrutierte ihr Führungspersonal in allen vier Besatzungszonen aus Persönlichkeiten, die in Deutschland überlebt hatten oder aus vielen Teilen der Welt als Remigranten zurückkamen. Trotz aller Schwierigkeiten waren die Sozialdemokraten in der SBZ bald zahlreicher als die Kommunisten. Im April 1946 wies die KPD 624 000 Mitglieder auf, die SPD 695400. Zunächst zielten die Pläne der Kommunisten nicht auf eine rasche Vereinigung der beiden Arbeiterparteien ab. Angesichts des Rückstands in den Mitgliederzahlen und dem dadurch drohenden geringeren gesellschaftlichen Einfluss wurde aber bereits ab Herbst 1945 über einen Zusammenschluss debattiert. Die SPD stand solchen Plänen skeptisch gegenüber. Nur die Führungsgruppe in der Ost-SPD um Otto Grotewohl schwenkte auf Vereinigungskurs um, was nicht nur zu harten Auseinandersetzungen mit der SPD in den Westzonen führte, sondern auch in der SBZ scharfe Debatten an der Parteibasis zur Folge hatte.

Die Vereinigung von KPD und SPD zur «Sozialistischen Einheitspartei Deutschlands» (SED) am 21. und 22. April 1946 erfolgte gegen massive Widerstände und kam letztlich nur durch den Druck zustande, der seitens der sowjetischen Besatzungsmacht auf führende Sozialdemokraten ausgeübt wurde. In der SED wurden die Sozialdemokraten erst vereinnahmt und dann paralysiert. Tausende wurden verhaftet, zehntausende flohen in die Westzonen. Die «neue» Partei blieb kommunistisch geprägt.

Die kommunistischen Politiker waren niemals gewillt, mit den Sozialdemokraten gleichberechtigt zusammenzuarbeiten. Fred Oelßner, ein einflussreicher Theoretiker, sagte am 28. September 1945 vor den Agitprop-Leitern der KPD-Landesleitungen, dass es gelte, mit sozialdemokratischen Traditionen zu brechen. Walter Ulbricht, der mächtigste Mann der KPD und alsbald der SED, sprach im Dezember 1945 klar aus, worum es ging: «Es kommt darauf an, dass man die alten Sozialdemokraten entfernt. Wir brauchen die anderen Sozialdemokraten.» Ulbricht wollte diejenigen gewinnen, die erst nach 1945 der SPD beigetreten waren. Durch die Zwangsvereinigung hatte sich nicht nur ein Verbot der SPD erübrigt, zugleich waren hunderttausende SPD-Mitglieder in die SED überführt worden. Nur in Berlin gab es aufgrund des Sonderstatus der Stadt eine andere Situation. Zwar existierte auch hier die SED, aber zugleich bestand im Ostteil bis zum Mauerbau die SPD fort und unterhielt in allen Stadtbezirken eigene Büros. Eine öffentlich sichtbare Arbeit war allerdings untersagt. Immerhin saßen aber bis 1961 mehrere Ostberliner SPD-Abgeordnete im Bundestag.

3. War die «antifaschistisch-demokratische Umwälzung» das Ergebnis eines Klassenkampfes?

So zumindest sah es sie SED-Führung. In den ersten Jahren sprach sie nicht davon, den Sozialismus aufbauen zu wollen. Sie wolle, ließ sie verlautbaren, eine Staats- und Gesellschaftsordnung errichten, die niemals wieder Faschismus/Nationalsozialismus, Krieg und Unterdrückung ermögliche. Das stieß bei vielen Menschen auf Zustimmung. Auch alle anderen Parteien in Ost wie West verkündeten dies als Ziel ihrer Politik.

Die KPD und dann die SED gingen dabei allerdings mit massiver Unterstützung der sowjetischen Besatzungsmacht von Anfang an ganz eigene Wege. Die Banken und die Großindustrie wurden verstaatlicht, Bauernhöfe ab 100 Hektar enteignet, der gesamte Staatsapparat reorganisiert und in den Führungspositionen mit der SED ergebenen Kadern besetzt. Großen Wert legte die SED darauf, möglichst schnell neue Lehrer, Juristen, Polizisten und Hochschullehrer auszubilden, um im gesamten Staatsapparat das Personal austauschen zu können. Dies dauerte weitaus länger als geplant. An den Schulen waren in den ersten Jahren oftmals Neulehrer tätig, die ihren Schülern nur um wenige Lehrstunden voraus waren.

Der Umbau des gesamten Staates war vor dem Hintergrund der nationalsozialistischen Diktatur mit ihren Massenverbrechen durchaus gerechtfertigt, war doch ein Großteil der Funktionseliten in das NS-System verwickelt gewesen. Allerdings haben die Kommunisten dabei auch die meisten derjenigen aus den Ämtern verdrängt, die keine braune Vergangenheit hatten, aber den Kommunisten kritisch gegenüberstanden oder von diesen als potentielle Gegner eingestuft wurden. Deshalb fand in der SBZ eine strukturelle Entnazifizierung statt, die zu einer wichtigen Voraussetzung für die Etablierung der kommunistischen Herrschaft wurde. Von einem «Klassenkampf» konnte keine Rede sein – es war ein weitgehend einseitiger Verdrängungskampf, den die Kommunisten «Klassenkampf» nannten. Eine «antifaschistisch-demokratische Umwälzung» war es auch nicht, weil es nicht nur um die Ausschaltung von tatsächlichen Nationalsozialisten ging. Hinzu kam, dass die Kommunisten unter «demokratisch» und «Demokratie» nur das verstanden, was ihnen bei ihrer Machterringung und Machtstabilisierung nützlich erschien. Walter Ulbricht brachte es kurz nach Kriegsende bereits im Mai 1945 auf die bezeichnende Formel: «Es ist doch ganz klar: Es muss demokratisch aussehen, aber wir müssen alles in der Hand haben.»

Historiker sind sich heute weitgehend einig, dass es 1945 eine «Stunde Null» in Deutschland nicht gegeben hat. Das trifft auch für die *Gesellschaft* in der SBZ zu. Aber anders als in den Westzonen ist der *Staat* in der Ostzone tatsächlich so gründlich neu aufgebaut worden, dass hier von einer «Stunde Null» gesprochen werden kann.

4. Was war das «Blocksystem»? Neben KPD und SPD gestattete die sowjetische Besatzungsmacht 1945 in der SBZ auch die Gründung zweier «bürgerlicher» Parteien: der CDU und der LDP (Liberal-Demokratische Partei). Um deren Einfluss zu begrenzen und ihre Politik zu kontrollieren, wurden alle Parteien im «Block der antifaschistisch-demokratischen Parteien» zusammengeschlossen. Dieser «Block» ist maßgeblich von der sowjetischen Besatzungsmacht und ihrem verlängerten Arm, der KPD und später der SED, dominiert worden. Dennoch versuchten LDP und CDU in den ersten Jahren eine eigenständige Politik zu betreiben. Vor allem an der Parteibasis beider Parteien gab es noch bis Anfang der fünfziger Jahre zum Teil massiven Widerstand gegen die kommunistische Politik. Tausende Verhaftungen waren die Folge. Immer wieder sind in den ersten Jahren führende Funktionäre dieser Parteien unter fadenscheinigen Gründen verhaftet und zum Teil zu hohen Haftstrafen, auch zu Todesstrafen, verurteilt worden. Zehntausende Parteimitglieder flüchteten in den Westen, um Verhaftungen zuvorzukommen. Beide Parteien galten ab etwa 1953 als gleichgeschaltet und agierten fortan als verlängerter Arm der SED. Ende der achtziger Jahre wies die CDU 140 000 und die LDPD 113 000 Mitglieder auf. Ein Unterschied dieser Parteien zur SED war kaum noch auszumachen.

Um ihre Herrschaft zu sichern, hatte die SED 1948 sogar zwei Parteigründungen initiiert. Die NDPD (National-Demokratische Partei Deutschlands) war als Auffangbecken für ehemalige Nationalsozialisten und Wehrmachtsoffiziere gebildet worden. Diesen wurde so ein Angebot unterbreitet, sich in die Gesellschaft politisch zu integrieren und sich zugleich dem Führungsanspruch der Kommunisten zu unterwerfen. Das galt im gleichen Maße für die DBD (Demokratische Bauernpartei Deutschlands), die vor allem den kommunistischen Herrschaftsanspruch auf dem Lande durchsetzen und die landwirtschaftliche Kollektivierungspolitik befördern sollte. Auch NDPD und DBD hatten Ende der achtziger Jahre jeweils über 100 000 Mitglieder.

Nach Gründung der DDR waren diese Parteien und zahlreiche Massenorganisationen im so genannten «Block der Nationalen Front» vereint. Auch hier dominierte die SED. Im Herrschaftsalltag spielte die «Nationale Front» praktisch keine Rolle, da alle Macht von der SED ausging. Lediglich bei den Einheitslistenwahlen trat der «Block» öffentlich sichtbar in Erscheinung. Dann nämlich standen nicht die einzelnen Parteien zur Abstimmung, sondern nur eine Liste, auf der sich Vertreter sämtlicher Parteien und Massenorganisationen befanden.

Die Gründe für den Eintritt in eine Blockpartei waren sehr verschieden. Die einen hofften, sich so einem SED-Eintritt entziehen zu können, die anderen mögen geglaubt haben, die SED-Politik etwas korrigieren oder abmildern zu können. Diese Parteien hießen im Volksmund «Blockflöten», weil die SED sie im «demokratischen Block» dirigierte. Sie wurden wenig geachtet. Von den SED-Mitgliedern nicht, weil man sie als zu feige ansah, sich «richtig» zur «Sache» zu bekennen. Von den meisten anderen nicht, weil sie als Opportunisten und verkappte Kommunisten galten. Wenn man die Mitglieder von SED- und Blockparteien zusammenzählt, kommt man Ende der achtziger Jahre auf rund 2,8 Millionen – etwa jeder fünfte Erwachsene war parteilich gebunden.

5. Ist die Sowjetunion für die Kriegsschäden materiell und finanziell entschädigt worden?

Die Kriegsschäden in der UdSSR beliefen sich auf 128 Milliarden Dollar. Reparationen und Demontagen spielten in der sowjetischen Politik nach 1945 deshalb eine zentrale Rolle. Die Sowjetarmee war das Machtinstrument, mit dem Reparationsforderungen eingetrieben wurden. Bis August 1945 hatte die Rote Armee in großem Stil Beuteaktionen durchgeführt. Dafür waren ein «Komitee für Beutegut» und für die Demontage von Industrieanlagen ein «Sonderkomitee» beim Staatlichen Komitee für Verteidigung der UdSSR gebildet worden. Allein 1945 beluden die Beutegut-Einheiten der Roten Armee über 400 000 Waggons. Mitgenommen wurde praktisch alles, was irgendwie nützlich erschien. Der einfache Soldat nahm sich Fahrräder oder Uhren. Das berühmte Foto vom Reichstag, wo Rotarmisten die sowjetische Staatsfahne hissen, musste umgehend retuschiert werden, weil einer der Soldaten mehrere erbeutete Uhren am Handgelenk trug. Von Georgi K. Schukow, dem bekanntesten sowjetischen Heerführer im Zweiten Weltkrieg, ist überliefert, er habe gleich mehrere Eisenbahnwaggons vollgefüllt nach Moskau schaffen lassen, um seine Wohnungen und Datschen neu einzurichten.

Ein Großteil der bis Juli 1945 demontierten Betriebe wurde unter dem Begriff Kriegsbeute verbucht und fand keine Anrechnung auf das Reparationskonto. Die Demontagen haben in der SBZ mindestens 30 Prozent der 1944 vorhandenen industriellen Kapazitäten zerstört. Sie wirkten einschneidender als die unmittelbaren Kriegszerstörungen. Nahezu vollständig sind alle Werke der Waffen- und Munitionsindustrie, der Flugzeugindustrie, der Metallurgie, des Fahrzeugbaus und des Werkzeugmaschinenbaus abgebaut worden. Aber auch Ziegeleien, Bäckereien, Möbelfabriken und fast 12 000 km Schienenwege demontierten die Russen. Zudem beschlagnahmten sie knapp die Hälfte aller Lokomotiven u. v. a. m. Die Demontagen waren Ende 1947 weitgehend abgeschlossen, die Reparationsleistungen endeten offiziell am 31. Dezember 1953. Der wirtschaftliche Nutzen dieser Transaktion blieb zweifelhaft. Denn nur ein Viertel des Gutes kam tatsächlich am Bestimmunsort in der UdSSR an, der größte Teil verrottete unterwegs.

Wichtigste Lieferanten von Reparationsgütern waren die Mitte 1946 gebildeten Sowjetischen Aktiengesellschaften (SAG). In diesen nach Branchen organisierten Konzernen wurden über 200 der wichtigsten Großbetriebe der SBZ zusammengeschlossen. Sie erbrachten von 1947 bis Ende 1950 einen Anteil an der Bruttoindustrieproduktion von etwas mehr als 20 Prozent. Die SAG-Betriebe nahmen im Wirtschaftsgefüge der SBZ/DDR eine Sonderstellung ein. Mit ihrem Ausbau waren für die Wirtschaft kurzfristig positive Aspekte verbunden, wie die Sicherung von Arbeitsplätzen, eine verbesserte Rohstoffzufuhr und Absatzgarantien. Das SAG-System hat die Einbindung der DDR-Wirtschaft in den osteuropäischen Wirtschaftsraum beschleunigt. Im Zuge der sowjetischen Reparationsforderungen entstanden industrielle Strukturen, die es vor dem Krieg nicht oder nur unterentwickelt gab. So wurde an der Ostseeküste eine Werftindustrie aufgebaut, die viele Jahre ausschließlich für die UdSSR arbeitete. Das Profil des Maschinen- und Fahrzeugbaus wurde ebenfalls dem sowjetischen Bedarf angepasst.

Zur wertvollsten Reparationsleistung entwickelten sich seit 1945 Uranlieferungen aus dem Erzgebirge. Uran war u. a. für die Produktion von Atombomben unabdingbar, die UdSSR verfügte selbst kaum über entsprechende Vorkommen. In der Wismut AG arbeiteten Ende 1946 10 000 Beschäftigte, Ende 1953 waren es bereits 133 000. Nach der Umwandlung in eine gemischte sowjetisch-deutsche Aktiengesellschaft (SDAG) am 1. Januar 1954 beteiligte sich die UdSSR anteilig an den Kosten. Dennoch musste der Uranbergbau bis 1990 aus dem Staatshaushalt der DDR insgesamt mit ca. 20 Milliarden Mark bezuschusst werden.

In der SED-Propaganda hat es Demontagen und Reparationen nicht gegeben. Alle laufenden Leistungen zusammengefasst auf der Preisbasis von 1944 ergeben, dass der Anteil gemessen am Bruttosozialprodukt 1946 48,8 Prozent betrug, 1947 38,4 Prozent, 1948 31,1 Prozent, 1949 19,9 Prozent und 1953 12,9 Prozent. Die SBZ/DDR hat die größten im 20. Jahrhundert bekannt gewordenen Reparationsleistungen erbracht.

6. Gab es die Chance für einen «deutschen Weg zum Sozialismus»? Im Frühjahr 1946 veröffentlichte Anton Ackermann den Aufsatz «Gibt es einen besonderen deutschen Weg zum Sozialismus?». Der Autor lebte seit 1940 im Moskauer Exil und war einer der wichtigsten kommunistischen Funktionäre der Nachkriegszeit. Dieser Aufsatz hat zu Spekulationen darüber geführt, ob eine sozialistische Entwicklung in der SBZ/DDR, die sich vom sowjetischen Weg unterschieden hätte, möglich gewesen sei. Denn Ackermann vertrat die These, es gebe mehrere Wege zum Sozialismus/Kommunismus und der Aufbau des Sozialismus sei auch ohne eine «Diktatur des Proletariats» möglich. Erst als sich Jugoslawien 1948 von der sowjetischen Vormundschaft frei machte, es dadurch zum Bruch zwischen der UdSSR und dem Balkanstaat kam und das kommunistische Lager eine Spaltung erfuhr, ging die SED zur Propagierung über, nunmehr auch in der SBZ «den» Sozialismus aufbauen zu wollen. Das geschah zunächst sichtbar dadurch, dass sich die SED als eine «Partei neuen Typus» im Sinne Lenins, also als kommunistische Kaderpartei, die alles und jedes im Griff zu haben beabsichtigt, definierte. Zugleich erteilte sie jeder Hoffnung eine Abfuhr, es könne einen «besonderen», einen eigenständigen oder einen deutschen Weg zum Sozialismus geben.

Die Debatte um «einen besonderen deutschen Weg zum Sozialismus» war auch zuvor nur eine theoretische, eine vorgeschobene. Denn die Herrschaft in der SBZ übten nicht die deutschen Kommunisten aus, sie waren lediglich die Handlanger der sowjetischen Besatzungsmacht. Dazu mussten sie nicht gezwungen oder überredet werden. Seit Anfang der zwanziger Jahre waren die meisten deutschen Kommunisten, wie auch die meisten anderen europäischen kommunistischen Parteien, auf die ideologische Vorherrschaft Moskaus eingeschworen. Wer sich nicht daran hielt, wurde aus der KP verstoßen. Im sowjetischen Exil ist die Einheit zwischen der sowjetischen kommunistischen Partei und der Mehrheit der deutschen Kommunisten, soweit sie den Terror in der UdSSR überlebten, gefestigt worden. Als die Führungsgruppe der KPD 1945 aus der sowjetischen Emigration nach Deutschland zurückkehrte, kam sie gar nicht auf die Idee, ein anderes Gesellschaftssystem errichten und befehligen zu wollen, als sie es aus der UdSSR kannte, zumal dieses durch den Sieg über Deutschland erheblich an Reputation und Stärke gewonnen hatte.

Zwar hat die sowjetische Besatzungsmacht in einzelnen Gesellschaftsbereichen abweichende Entwicklungen zugelassen. Dies begründete sie mit anderen deutschen Traditionen. So veränderte sie zum Beispiel die Universitätsstrukturen *zunächst* nicht grundlegend. Auch den Kirchen gestand sie deren traditionelle Freiräume zu. Gleichwohl standen von Anfang an die Zeichen in Richtung Aufbau des Kommunismus. Dafür sprach die Personalpolitik ebenso wie die

Umstrukturierung der Wirtschaft und des Banksektors, der Justiz und des Bildungswesens, des Polizei- und überhaupt des Staatsapparates, die sichtbare Bevorzugung der Kommunisten und nicht zuletzt die scharfe Verfolgung politisch Andersdenkender.

Die Chancen für einen «besonderen deutschen Weg zum Sozialismus» waren auch deswegen denkbar gering, weil Moskau nach den fürchterlichen Erfahrungen mit dem Nationalsozialismus einen geopolitischen Korridor benötigte, um den eigenen Herrschaftsbereich zu sichern und möglichst auszubauen. Deshalb war es so wichtig, die Westgrenze der UdSSR möglichst weit in den Westen Europas selbst zu verlegen. Die SBZ/DDR fungierte praktisch als 16. Sowjetrepublik. Mindestens bis 1953 übte Moskau die alleinige Herrschaft in der SBZ/DDR aus, die prinzipielle Abhängigkeit der SED-Führung und damit der DDR von Moskau blieb bis zu ihrem Untergang bestehen.

7. Warum hießen Vertriebene in der SBZ/DDR «Umsiedler»?

In Folge des Zweiten Weltkrieges sind aus den deutschen Ostgebieten sowie aus Ostmittel- und Südosteuropa mehr als 12 Millionen Deutsche vertrieben worden. Während 1949/50 in der Bundesrepublik etwa 7,9 Millionen Vertriebene lebten, hielten sich zur gleichen Zeit auf dem viel kleineren Gebiet der DDR rund 4,5 Millionen auf. Das entsprach einem Bevölkerungsanteil von 20 Prozent.

Bereits im Sommer 1945 hatten die sowjetischen Besatzer verfügt, dass der Begriff «Vertriebene» oder «Flüchtlinge» aus dem offiziellen Sprachgebrauch zu tilgen und durch den neutraleren Begriff «Umsiedler» zu ersetzen sei. Damit wollte man die Unwiderruflichkeit der östlichen Gebietsverluste betonen. Zugleich implizierte der Begriff «Umsiedler» einen gesellschaftlich normaleren Vorgang als «Vertreibung» (resp. «Vertriebene»). Denn der Begriff «Vertreibung» erinnerte zugleich an die Gewalt, die Erniedrigung und den hunderttausendfachen Tod, die mit dem Vorgang verbunden gewesen waren.

Noch vor Gründung der DDR galt die «Umsiedlerproblematik» offiziell als «bereinigt». Lediglich im Sommer 1950, als die SED ein «Umsiedlergesetz» vorlegte, kam es noch einmal in der Öffentlichkeit zu einer Diskussion über die Probleme der Vertriebenen. Dieses Gesetz hing mit dem «Görlitzer Vertrag» vom 6. Juli 1950 zusammen, in dem die DDR-Regierung die neue Westgrenze Polens anerkannte – entgegen den Vereinbarungen auf der «Potsdamer Konferenz». Dort war festgelegt worden, dass die endgültigen Grenzen Deutschlands erst in einem zukünftigen Friedensvertrag – zu dem es nie kam – bestimmt werden würden.

Die Vertriebenen nahmen in der DDR in den fünfziger Jahren unterschiedliche gesellschaftliche Positionen ein. Zwischen 750 000 und einer Million von ihnen kehrten der DDR bis zum Mauerbau 1961 den Rücken und flüchteten in den Westen. Das verweist darauf, dass viele in der DDR nicht Fuß fassen konnten. Dazu trugen zum einen die miserablen politischen und gesellschaftlichen Verhältnisse bei. Da die Vertriebenen ohnehin ihre heimatlichen Wurzeln verloren hatten, fiel ihnen auch die Flucht aus der DDR oft leichter als jenen, die seit vielen Generationen regional verwurzelt waren. Hinzu kam, dass die Masse der Vertriebenen unter besonders schlechten Lebensbedingungen litten. Noch bis Mitte der fünfziger Jahre wohnten zehntausende in Barackenlagern und mussten auf Strohsäcken schlafen.

Auf der anderen Seite erwiesen sich aber viele «Umsiedler» als integrations- und assimilierungswillig. Die Bodenreform bescherte hunderttausenden Vertriebenen eigenes Land. Zwar haben zehntausende in den Jahren danach den Agrarsektor verlassen, aber zugleich blieben auch zehntausende, die in den fünfziger Jahren einen wichtigen Faktor bei der Kollektivierung in der Landwirtschaft bildeten. Weil sie in den Dörfern nicht verwurzelt waren und dort jahrzehntelang als Außenseiter und Zuzügler behandelt worden sind, benutzten sie oftmals die SED als «Heimathafen», um überhaupt einen Ort zu haben, an dem sie willkommen schienen. Die herrschende Partei bot ihnen politische und soziale Aufstiegschancen, die ihnen sonst verwehrt wurden – so jedenfalls die Wahrnehmung von vielen Betroffenen.

Insbesondere auf den Dörfern blieb das Problem der Vertriebenen ungeachtet des Totschweigens durch die SED über den Mauerbau von 1961 hinaus virulent. Die «Habenichtse», als die Vertriebene viele Jahre galten, blieben kulturelle Fremdkörper. In den Dörfern bildeten sie oft eigene, von der traditionellen Dorfstruktur abgeschottete Gruppen, wozu auch Landarbeiter und andere «soziale Außenseiter» zählten. Die Neubauten für die Vertriebenen bildeten nicht selten eigene Siedlungen, häufig am Rande der Dörfer.

Insgesamt fügte sich die Mehrheit der Vertriebenen in den fünfziger Jahren Schritt für Schritt in die ostdeutsche Gesellschaft ein und wurde zunehmend unsichtbar. Dazu trug auch der Umstand bei, dass in der DDR Vereine von Vertriebenen streng verboten waren und so die verschiedenen Vertriebenengruppen keine Sprachrohre besaßen. Wer nicht nochmals fliehen wollte, hatte kaum eine andere Alternative als sich den allgemeinen Lebensumständen lautlos anzupassen.

8. Wollte Stalin die DDR? Seit Mitte der neunziger Jahre gibt es in der historischen Forschung die These, der sowjetische Diktator habe die DDR eigentlich gar nicht gewollt und sie als sein «ungeliebtes Kind» betrachtet. Die Sowjetische Militäradministration in Deutschland (SMAD) stellte seit Kriegsende in der SBZ und in Ost-Berlin die eigentliche Regierung dar. Die SED und die ostdeutschen Verwaltungs- und Regierungsstellen agierten als verlängerter Arm der sowjetischen Besatzungsmacht. Erst seit 1948 gaben die sowjetischen Machthaber vorsichtig und schrittweise Kompetenzen an ihre ostdeutschen Genossen ab. Die Gründung der DDR erfolgte auch als Antwort auf die Gründung der Bundesrepublik im Mai 1949. Stärker aber noch fiel ins Gewicht, dass die sowjetische Führung bemüht war, der SED den Makel einer «Russenpartei», wie es gemeinhin hieß, zu nehmen. Sie sollte als selbständige Kraft agieren. Zumindest sollte dieser Anschein erweckt werden, um in der Bevölkerung eine größere Akzeptanz zu erzielen.

Mitte September 1949 weilten führende SED-Funktionäre für knapp zwei Wochen in Moskau, um mit der sowjetischen Führung die Modalitäten der DDR-Gründung zu beraten. Am 19. September schrieben sie nach einem Gespräch mit sowjetischen Politbüromitgliedern einen Brief an den sowjetischen Parteichef Josef Stalin, in dem sie Fragen und Vorschläge formulierten. Darin wurden neben Einzelheiten der Regierungsbildung auch Wirtschaftsfragen, Parteiangelegenheiten sowie die gesellschaftliche Integration von früheren Nationalsozialisten, die Auflösung der Speziallager – hier waren Kriegsverbrecher und Nationalsozialisten einerseits und echte oder vermeintliche Gegner der Kommunisten andererseits ohne Gerichtsurteil interniert – und die Westarbeit der SED angesprochen. Die Antwort vom 27. September entsprach den Vorschlägen der SED-Führung. Sie enthielt die genaue Dramaturgie, wie die Gründung zu vollziehen und wie die Vertreter der bürgerlichen Parteien darauf vorzubereiten seien. Der Regiesessel stand in Moskau. Denn in den vorbereitenden Gesprächen, die dem Brief vom 19. September vorausgegangen waren, diktierten die sowjetischen Machthaber ihren deutschen Genossen die Fragen in die Feder, um sie dann in Form einer Bittschrift an «Väterchen Stalin» weiterreichen zu können. So sollte vermieden werden, dass die SED-Führung Vorschläge unterbreitete, die für die sowjetischen Machthaber inakzeptabel waren.

Nach Ost-Berlin zurückgekehrt, gingen die Genossen eilig daran, die Staatsgründung vorzubereiten. Auf einer Parteivorstandssitzung am 4. Oktober 1949 wurden die übrigen Spitzenfunktionäre der SED über die Beschlüsse informiert und die künftige Regierung vorgestellt. Auf dieser Sitzung sagte ein ranghohes Mitglied, «denn als Marxisten müssen wir wissen: wenn wir eine Regierung gründen, geben wir sie niemals wieder auf, weder durch Wahlen noch andere Methoden». Man ist vor dem Hintergrund der kommunistischen Geschichte geneigt zu sagen, wenn dieser Funktionär nicht so explizit geworden wäre, dann hätte man einen solchen Ausspruch geradezu erfinden müssen. Denn dieses Zitat umschreibt präzise das Demokratieverständnis und die Herrschaftspraxis der Kommunisten: Macht ausüben um jeden Preis.

Die DDR entwickelte sich für die Sowjetunion zu einem regelrechten Subventionsgrab. Denn um den ostdeutschen Staat zu halten, konnte sie nicht nur Milliarden herausholen, sie musste zugleich Milliarden hineinfließen lassen. Deshalb ist vor allem bis 1953 in sowjetischen Partei- und Regierungskreisen immer wieder überlegt worden, die DDR in einer Art Ablasshandel mit dem Westen aufzugeben. Aus ideologischen und geopolitischen Gründen blieb es aber bei bloßen Gedankenspielen, von denen die meisten erst nach 1990 bekannt wurden. Ob Stalin und die UdSSR die DDR wirklich «wollten», kann nur spekulativ beantwortet werden. Weniger spekulativ aber ist, dass sie diese als strategischen Vorposten dringend benötigten.

9. War die berühmte «Stalin-Note» ernst gemeint? Deutschland stellte im Spiel der Großmächte Sowjetunion und USA zwar nur eine Karte dar, aber es war die Trumpfkarte. Eine politisch und militärisch mit den westlichen Nachbarn und der USA verbundene Bundesrepublik durchkreuzte Stalins Pläne, Europa so weit wie möglich der sowjetischen Kontrolle zu unterwerfen. Noch 1950 überließ er es zunächst der SED-Führung, deutschlandpolitisch aktiv zu werden. Im November 1950 schlug Ministerpräsident Grotewohl in einem Brief Bundeskanzler Adenauer die Bildung eines paritätisch zusammengesetzten Gesamtdeutschen Rates vor, der gesamtdeutsche Wahlen vorbereiten solle. Adenauer forderte daraufhin im Januar 1951 freie Wahlen als ersten Schritt zur Wiedervereinigung. Am 15. September 1951 appellierte die DDR-Volkskammer an den Bundestag, gesamtdeutsche Wahlen und einen Friedensvertrag durch gesamtdeutsche Beratungen vorzubereiten. Der Bundestag antwortete am 27. September mit der Verabschiedung einer Wahlordnung für freie gesamtdeutsche Wahlen, in der eine Überwachung durch die UNO vorgesehen war. Freie Wahlen kamen für die Kommunisten aber nicht in Frage.

Am 10. März 1952 schlug dann die sowjetische Regierung den Regierungen Frankreichs, Großbritanniens und der USA die Ausarbeitung eines Friedensvertrags mit Deutschland unter deutscher Beteiligung vor. Die vier Mächte sollten dieser Note zufolge die Umstände prüfen, die die Bildung einer gesamtdeutschen Regierung befördern könnten. Deutschland sollte die Möglichkeit erhalten, sich als «unabhängiger, demokratischer, friedliebender Staat» zu entwickeln. Zugleich müsse es sich verpflichten, keinen Militärbündnissen beizutreten, also neutral zu bleiben.

Der sowjetische Vorstoß vom 10. März 1952 ging als «Stalin-Note» in die Geschichte ein. Adenauer drängte die Westmächte, keine Verhandlungen mit der Sowjetunion aufzunehmen. Er sah in dem Vorstoß den Versuch, zwischen den Westdeutschen und den Westalliierten einen Graben aufzureißen und der Politik der Westintegration den Boden zu entziehen. Der Kanzler irrte nicht. Stalins eigentlicher Adressat war die westdeutsche Bevölkerung, nicht die Regierungen in Paris, London und Washington. Er hoffte, durch das Ausspielen der nationalen Karte die Bundesrepublik an der Integration ins westeuropäische Verteidigungssystem zu hindern.

Stalin rechnete nicht mit zustimmenden Reaktionen der Westmächte. Verhandlungen, wie er sie anbot, musste er nicht befürchten. Es wäre aber denkbar gewesen, dass der Sowjetunion ein neutrales Gesamtdeutschland mehr ins Kalkül gepasst hätte, als die wirtschaftlich schwache, politisch nicht legitimierte, auf permanente politische, militärische und ökonomische Unterstützung angewiesene DDR. Das SED-Machtmonopol zugunsten eines neutralen Deutschland zunächst aufzugeben, hätte sich mit der sowjetischen Staatsräson vereinbaren lassen, weil dadurch die USA aus der Mitte Europas verdrängt worden wären. Im Vordergrund der Bemühungen Stalins stand das Ziel, eine solche Ordnung in Deutschland zu formen, dass die Kommunisten zu einem als geeignet erachteten Zeitpunkt in Gesamtdeutschland die Macht ergreifen könnten. Adenauer erkannte dies und wehrte sich gegen die sowjetischen Vereinnahmungsversuche. Keine westliche Regierung wollte eine Wiedervereinigung Deutschlands unter den Vorzeichen der Neutralität. Dies hätte der Sowjetunion langfristig zur Hegemonie über Europa verhelfen können. Hinzu kam in Westeuropa die Angst vor einem wiedererstarkten deutschen Nationalstaat.

Am 26. Mai 1952 unterzeichneten die Außenminister der USA, Großbritanniens und Frankreichs in Bonn den Deutschlandvertrag. Einen Tag später folgte der Vertrag über die Europäische Verteidigungsgemeinschaft unter Einschluss der Bundesrepublik. Der Deutschlandvertrag beendete das Besatzungsregime. Staatliche Souveränität in vollem Umfang gewährte er aber nicht. Die drei Westmächte sicherten sich Vorbehaltsrechte, die vor allem Berlin und die Wiedervereinigung Deutschlands betreffen. Auch die Stationierung der alliierten Truppen und deren Rechte sowie die endgültige Festlegung der deutschen Grenzen blieben unberührt.

Die sowjetischen Machthaber zogen erst aus dem Aufstand vom 17. Juni 1953 die Lehre, der SED-Führung mehr Befugnisse einzuräumen. Sie sahen ein, dass sie ihre ostdeutschen Statthalter mit mehr Kompetenzen ausstatten mussten, um sie über außen-, vor allem deutschlandpolitisches Renommee innenpolitisch zu stärken. Die DDR sollte nicht mehr als 16. Sowjetrepublik erscheinen. Die sowjetische Regierung verkündete daher im August 1953, dass zum 1. Januar 1954 die Reparationen beendet und die Besatzungskosten gesenkt würden. Außerdem wurden die letzten Betriebe der «Sowjetischen Aktien-Gesellschaft», mit Ausnahme der Wismut, an die DDR übergeben. Am 25. März 1954 erklärte die Moskauer Führung schließlich, dass die DDR die vollständige Souveränität erhalte. Auch wenn diese Erklärung mit den politischen Realitäten nicht übereinstimmte, bedeutete sie das förmliche, aber eben nicht faktische Ende der Besatzungszeit.

Ideologie und Herrschaftssystem

10. Was ist Kommunismus? In dem 1959 erschienenen Buch «Unsere Welt von Morgen» prognostizierten die Autoren, bis zum Ausgang des 20. Jahrhunderts würde die gesamte Welt kommunistisch sein. Jeder Mensch lebe dann seine Wünsche und Träume aus, niemand würde unterdrückt oder verfolgt, alle hätten genügend Zeit für Bildung, Kultur, Erholung, Reisen. Keiner bräuchte mehr Geld, allen gehöre alles, im Paradies auf Erden würden die Menschen leben und müssten dabei weder Angst vor Gottes Strafe noch sonst wem haben. «Das Schönste aber ist, dass diese Welt der Zukunft, die verlockender und wunderbarer ist als jede Utopie, alles andere als eine Utopie ist! Sie ist die Wirklichkeit von morgen, die aus dem Heute wächst. Wir brauchen nicht einmal zu warten und auf ferne Zeiten zu hoffen. Diese wundervolle Zukunft wächst um uns heran, wird jeden Tag um ein Stückchen mehr Gegenwart für uns. Und von jedem Tag können wir sagen, dass er uns ein wenig weiter gebracht, um etwas reicher gemacht hat.»

Die gesellschaftliche Realität erwies sich als ein klein wenig widerborstiger. Dabei war die Sehnsucht nach einer klassenlosen, egalitären Gesellschaft ohne Privateigentum so alt wie es Klassen, Ungleichheit und Privateigentum an Grund, Boden und Produktionsmitteln gab. Spätestens in der griechischen Antike sind solche Phantasien entstanden. Der politische Begriff «Kommunist» und «Kommunismus» tauchte in Deutschland erstmals um 1840 auf. Er war dem Französischen entlehnt, wo er seit dem späten 18. Jahrhundert als politischer Begriff verwendet wurde und dort wiederum aus dem Lateinischen übernommen worden war. «Kommunismus» ist eine Zukunftsvision, die eine Gesellschaft anstrebt, die ohne Abstriche gerecht, gleich und harmonisch sein soll. Das Grundproblem jeder kommunistischen Vision besteht darin, dass der einzige Störfaktor, den es in der Realität zu geben scheint, nicht so widerspruchslos, uniform und gerecht ist: der Mensch.

Die beiden Begründer des «modernen wissenschaftlichen Kommunismus», Karl Marx und Friedrich Engels, haben dieses Problem durch einen überraschend anmutenden Kniff zu lösen gesucht. Sie «entdeckten» Gesellschaftsgesetze, die die Weltgeschichte ganz unabhängig vom Wollen der Menschheit fest im Griff hätten. Die Weltgeschichte entwickle sich unaufhörlich vom Niederen zum Höheren, eine höhere Gesellschaftsformation löse gesetzmäßig eine niedere ab. Der Kapitalismus würde vom Kommunismus beseitigt. Das sei der Endpunkt gesellschaftlicher Entwicklung; was danach komme, ließ die Theorie allerdings unbeantwortet.

Unter dem Eindruck der fehlgeschlagenen Pariser Kommune von 1871 kamen Marx und Engels zu der Einsicht, den angeblichen Gesellschaftsgesetzen müsse mit einer Kommunistischen Partei, die einen neuen Staat errichte, zum Durchbruch verholfen werden. Der Führer der russischen Bolschewiki, Lenin, entwickelte dies weiter und sprach von einer «Partei neuen Typus», die als Avantgarde der Arbeiterklasse deren bewusstesten Teil bilde und alle anderen, die noch nicht soweit seien, führe und leite. Die KP erwies sich als Versuch, die theoretischen Gesetzesannahmen in der Praxis zu erproben. Da diese an intellektuellen Reißbrettern entworfenen Visionen ohne den konkreten Menschen und seine Bedürfnisse auskamen, war jede kommunistische Herrschaftsausübung seit 1917, als die Bolschewiki in Russland die Macht an sich rissen, von Gewalt gegen große Teile der Gesellschaft begleitet. Dabei unterschied sich der Kommunismus an der Macht in Russland, China, Albanien, Vietnam, Nordkorea, Kuba, Kambodscha oder auch Polen, Ungarn oder der DDR in seinen Erscheinungsformen voneinander. Im Kern aber hegten die Kommunisten überall ähnliche Absichten und schreckten nirgends vor Terror und Unterdrückung zurück. Die Verfolgung betraf nicht nur Gegner der Kommunisten, sondern in einem quantitativ weitaus höheren Maße solche sozialen Gruppen und Klassen, die laut kommunistischer Theorie gesetzmäßig zum Absterben verurteilt waren. Entgegen der eigenen Theorie, nach der auch der Staat im Kommunismus verschwinden würde, hat dieser in der kommunistischen Herrschaftspraxis allerdings eine Stärke entfaltet, wie er nur für totalitär verfasste Systeme typisch ist.

Kommunismus ist im 21. Jahrhundert vielleicht nicht Vergangenheit. Aber die Geschichte des Kommunismus zeigt eindringlich, was solche totalen Gesellschaftsentwürfe bedingen: Massenterror, Massenunterdrückung, Massenverbrechen. Denn jeder, der sich der Utopie ob nun bewusst oder wegen seiner sozialen Herkunft entgegenstellt, ist ein Feind, den es auszumerzen gilt.

11. Welche Rolle spielte die SED in der DDR? Das offizielle SED-Symbol, das jedes Parteimitglied als Abzeichen tragen sollte, zeigte zwei Hände vor einer roten Fahne. Versinnbildlicht wurde damit die Einheit der Arbeiterklasse, symbolisiert durch den Händedruck von Kommunisten und Sozialdemokraten bei der SED-Gründung im April 1946. Die Hände erschienen merkwürdig abgehackt, so als würden Marionetten in einem Puppenspiel an einer langen Strippe hängen. Tatsächlich blieb die SED eine von Moskau abhängige Partei, die zwar eigene Spielräume erhielt, aber ihre Existenz als Staatspartei der sowjetischen Garantiemacht verdankte.

Die SED verstand sich als Avantgarde der Arbeiterklasse, was schon angesichts der Mitgliederzahlen (1947 1,8 Mill., 1953 1,2 Mill., 1960 1,55 Mill., 1970 1,9 Mill., 1988 2,4 Mill.) wenig plausibel erscheint. Immerhin war ab Mitte der achtziger Jahre fast jeder sechste DDR-Mensch SED-Mitglied. Noch mehr gegen den Charakter einer Arbeiterpartei sprach die soziale Zusammensetzung. War in den ersten Jahren noch jedes zweite Mitglied Arbeiter, rutschte der Anteil bereits 1952 unter die 40-Prozentmarke und betrug ab 1955 nur noch rund ein Drittel. In den siebziger und achtziger Jahren ging dieser Anteil noch weiter zurück, so dass die SED immer mehr eine Partei der Apparatschiks wurde. Zwischenzeitlich verfügte sie immer wieder einmal einen Aufnahmestopp für Intelligenzler, was aber wenig half. Nach 1971 kam es kurzzeitig zu einer Verjüngung der Parteimitglieder. Die wichtigsten Positionen nicht nur in der Parteispitze, sondern auch in den mittleren Ebenen aber waren von langgedienten Parteigenossen besetzt. Frauen blieben unterrepräsentiert. Alle Macht ging vom SED-Politbüro und dem Sekretariat des ZK der SED aus.

1968 erließ die SED-Führung eine neue Verfassung, in der in Artikel 1 der Machtanspruch der Partei festgeschrieben worden war. Bereits am 17. Oktober 1949, zehn Tage nach der Gründung der DDR, hatte die Parteispitze verfügt, dass alle Erlasse, Gesetze, Verordnungen und Beschlüsse vor der Verabschiedung durch die Volkskammer oder die Regierung vom SED-Politbüro bzw. dem Sekretariat des Politbüros bestätigt werden müssten. Das SED-Politbüro agierte als eine «Überregierung». Das hatte zur Folge, dass in der DDR eine Doppelstruktur existierte. Die Kommunisten hatten dieses Prinzip in eine denkbar einfache, aber für ihr System charakteristische Formel gebracht: «Wo ein Genosse ist, ist die Partei!»

Bei so vielen Mitgliedern liegt es auf der Hand, dass viele die SED

Ideologie und Herrschaftssystem

als Karriereschleuse ansahen. Viele Posten waren ohne ein SED-Mitgliedsbuch nicht zu bekommen. Ein Nichteintritt in die Partei war oft bereits Bekenntnis. Konnte man aber noch auf eine Karriere ohne Parteibuch hoffen, so bedeutete ein Ausschluss aus der Partei im Normalfall bestenfalls das Ende der Karriereleiter erreicht zu haben, meist folgte ein Absturz. Die Partei war nach innen stramm organisiert und kannte viele Rituale, der sich ihre Mitglieder unterwarfen. Die SED war der manifeste Ausdruck für das, was «struktureller Opportunismus» in einer Diktatur genannt wird. Im Prinzip stellte sie auch keine Partei im politikwissenschaftlichen Sinne dar. Sie war eher eine mächtige Sekte. Und bei Millionen Mitgliedern ist es auch verständlich, dass nicht alle überzeugte Kommunisten waren, dass viele zweifelten und auch verzweifelten, dass viele hofften und auch viele irgendwann ihre Hoffnungen verloren. Die SED war in gewisser Hinsicht deshalb ein – wenn auch verzerrtes – Abbild der Gesellschaft.

12. Warum sollten sich Historiker nicht so sehr mit Fragen der Vergangenheit beschäftigen? Mangels demokratischer Legitimation hatten sich die Kommunisten ein Weltbild zurecht gelegt, das nicht nur «wissenschaftlich» begründet sein sollte, sondern auch «historisch folgerichtig», «historischen Gesetzen» folgend, und in dem der Sozialismus/Kommunismus als Endpunkt der Geschichte firmierte. Die kommunistische Herrschaft benötigte in dieser Weltsicht keiner demokratischen Legitimation durch freie Wahlen, da diese sich aus der historischen Folgerichtigkeit selbst ergab. Diese teleologische Weltsicht ist zur Staatsdoktrin erhoben worden, daher bekamen Geschichte, Geschichtswissenschaft, Geschichtsunterricht und Geschichtspropaganda in der DDR einen staatstragenden Platz zugewiesen.

Die DDR-Geschichtswissenschaft repräsentierte einen Wissenschaftstypus, der eigens von der SED zum Zwecke der Legitimierung ihrer Herrschaft geschaffen worden war. Sie hatte politische Ansprüche zu erfüllen und ergebnisorientierte externe Vorgaben umzusetzen. Ihr fehlte es an wissenschaftsinterner Autonomie. Wissenschaftliche Rationalitätskriterien sind außer Kraft gesetzt worden. Es mangelte ihr an methodischem, interpretatorischem und theoretischem Pluralismus. Die Deutungskompetenz lag bei außer- und vorwissenschaftlichen Instanzen und Institutionen. 1955 hatte Walter Ulbricht die Funktion der Geschichtswissenschaft bestimmt als er den Historikern ernsthaft vorhielt: «Unsere Geschichtsforscher befassen sich zu sehr mit Fragen der Vergangenheit.»

Obwohl sich das Geschichtsbild der SED-Führung mehrmals änderte, blieb es die Aufgabe der Historiker, die DDR als gesetzmäßigen «Schluss- und Höhepunkt» der deutschen Geschichte darzustellen. Die deutsche Geschichte verkam in dieser Perspektive zur «Vorgeschichte» der DDR. Sie bündele sich in ihren «positiven Bezügen» zur DDR. Um diese «positiven Bezüge» deutlich machen zu können, bedurfte es der Unterscheidung zwischen «Erbe» und «Tradition». Unter «Erbe» verstand man die gesamte deutsche Geschichte, die als Ergebnis die DDR hervorgebracht hatte. Zur historischen Tradition zählten dagegen «nur diejenigen historischen Entwicklungslinien, Erscheinungen und Tatsachen, auf denen die DDR beruht, deren Verkörperung sie darstellt, die sie bewahrt und fortführt». Die «Tradition» umfasste also nur einen Teil des «Erbes». Damit war ein Konstrukt geschaffen worden, das politischen Richtungsänderungen jederzeit angepasst werden konnte und zugleich «die gesicherten Klassenpositionen des marxistischen Geschichtsbildes zur Voraussetzung» hatte. Jahrzehntelang sind Millionen Menschen mit solcher Art Geschichtspropaganda in Schulen, an Hochschulen, in der Berufsausbildung, im Parteilehrjahr, im Radio, Fernsehen und in Tageszeitungen pausenlos konfrontiert worden. Folgenlos bleibt so etwas nicht.

13. Instrumentalisierten die Kommunisten die Geschichte des «Dritten Reiches»? Die SED-Führung betrachtete die Bundesrepublik als Nachfolgestaat des «Dritten Reiches». Begründet wurde dies mit einer «Faschismusdefinition», die 1934 der bulgarische Kommunist Dimitroff aufgestellt hatte. Demnach sei der Faschismus die extremste Variante des Kapitalismus/Imperialismus. Da in der Bundesrepublik, so die kommunistische Propaganda, nicht nur die gleichen, sondern auch dieselben Kräfte an der Macht seien wie vor und nach 1933, wäre dort auch jederzeit ein neuer Faschismus möglich. Begründet wurde dies nicht nur mit personellen Kontinuitäten, sondern auch mit ökonomischen Argumenten («Monopolkapitalismus»). In «Braunbüchern» wurde zu zeigen versucht, dass die politische und wirtschaftliche Elite der Bundesrepublik nationalsozialistisch verseucht sei. Adolf Hitler mutierte in dieser Perspektive zu einem Westdeutschen. Auch wenn die SED-Propaganda in den achtziger Jahren an Schärfe verlor – die Kontinuitätsthese, die eine direkte Linie vom Nationalsozialismus zur Bundesrepublik zog, blieb unangetastet.

Der auf sozioökonomische Ursachen abhebende Faschismus-Begriff der Kommunisten ermöglichte es den Herrschenden, die Abgrenzung vom «Dritten Reich» für die gesellschaftliche Umgestaltung zu instrumentalisieren. Zur Staatsdoktrin wurde der Antifaschismus bereits mit Gründung der DDR. Er war die zentrale Legitimationsinstanz des Systems und zugleich das zentrale Erziehungsziel. Berühmte deutsche Intellektuelle kehrten aus dem Exil zurück und gingen in den Osten, weil nur hier «antifaschistische Strukturen» errichtet würden. Ausgeblendet blieb, was nicht in die kommunistische Geschichtsideologie integrierbar war, das, was den gesetzmäßigen Ablauf der Geschichte zu stören schien. Was konnte schon daran verkehrt sein, antifaschistisch zu denken, zu leben? Wer konnte schon ahnen, dass eine halbe Wahrheit fast einer ganzen Lüge entspricht? Was auch immer an gesellschaftlichen Fehlentwicklungen der Einzelne gesehen und kritisiert, worunter er gelitten haben mag, er stand auf antifaschistischem Boden. Diese Selbstwahrnehmung war ein innenpolitischer Stabilitätsfaktor. Antifaschismus fungierte so als eine Art Ersatzpatriotismus, der eine Gemeinschaft schmieden sollte, in der sich alle als Opfer der Hitler-Diktatur und als Kämpfer gegen den Faschismus stilisieren könnten. Als Staatsbürger eines sozialistischen Staates galten die DDR-Bürger per se als Antifaschisten.

Aber natürlich lebten auch in der DDR viele ehemalige Parteigänger der Nazis. Diese mussten integriert werden. Dass es eine ganze Reihe von ihnen in höchste Ämter schaffte, blieb ein Tabuthema. In tausenden politischen Strafprozessen in den fünfziger Jahren spielte der Faschismusvorwurf eine zentrale Rolle. Opposition und Widerstand gegen die kommunistische Herrschaft waren in der Projektion der Machthaber automatisch gegen den Antifaschismus gerichtet. Es lag in der Logik dieses Verständnisses, dass die Herrschenden den Volksaufstand am 17. Juni 1953 als «faschistischen Putschversuch» charakterisierten. Und ebenso war es dann herrschaftslogisch, die Mauer als «antifaschistischen Schutzwall» zu bezeichnen.

14. War die DDR ein Friedensstaat? Auch die Friedensrhetorik der SED war darauf abgestellt, Bindungskräfte zu erzeugen. Weil die strukturellen Voraussetzungen für Angriffskriege beseitigt seien, garantiere ein kommunistischer Staat Frieden. Und nur weil er noch immer von äußeren Feinden umzingelt sei und von inneren bedroht werde, müsse «der Frieden bewaffnet» sein. Wer gegen die sozialistische Armee, gegen den Waffendienst, gegen den Militärunterricht und die vormilitärische Ausbildung an Schulen und Universitäten sei, erweise sich als Friedens- und Sozialismusgegner. Alles diene dem Frieden, wurde pausenlos verkündet, der Arbeitseinsatz am Wochenende ebenso wie der Wehrdienst, die Planübererfüllung wie gute Zensuren in der Schule. Die Friedensrhetorik machte weder vor Kindergärten noch vor Altersheimen halt. Es gab vor ihr kein Entrinnen.

Tatsächlich war die DDR aktiv in keine Kriege verwickelt. Gern hätte sich Ulbricht 1968 an der Niederschlagung des Prager Frühlings beteiligt, aber die Sowjets verhinderten ein aktives Mitwirken der NVA – schon wieder deutsche Soldaten in Prag: dies sollte den Tschechen und Slowaken nicht auch noch zugemutet werden. Erst 1990 kam heraus, dass tatsächlich nur ganz wenige NVA-Spezialisten auf dem Territorium der ČSSR agierten. Bis dahin hatte die SED-Propaganda so getan, als wären NVA-Soldaten mit einmarschiert. Und 1981 war es vor allem Erich Honecker, der Moskau bedrängte, gemeinsam in Polen einzugreifen, um den Sozialismus zu retten. Er setzte sich nicht durch. Moskaus Statthalter in Warschau, General Jaruzelski, rief den Kriegszustand aus und sorgte selbst für «Ruhe». Auch sonst waren die SED-Funktionäre nicht zimperlich. Lautstark begrüßten sie die militärische Invasion der Russen 1956 in Ungarn und 1979 in Afghanistan, 1989 waren sie sogar fast die Einzigen auf der Welt, die die Niederschlagung der Proteste in China begrüßten. Nach 1989 kam heraus, dass die DDR Waffen und anderes militärisches Gerät in Krisengebiete exportiert hatte. Linke und linksradikale Befreiungsbewegungen konnten sich ohnehin der Unterstützung durch die selbsternannten Friedenswächter sicher sein.

Die Friedensrhetorik der SED hat viele Menschen überzeugt. Die meisten haben sich offenbar nicht einmal an der Militarisierung der gesamten Gesellschaft gestört. Das alles schien dem Frieden zu dienen. Allerdings interessierte die Supermächte die SED-Friedenspolitik nicht sonderlich. Die DDR war Spielball der großen Mächte und kein Global-Player.

Die SED garantierte keinen Frieden im Inneren. In den fünfziger Jahren bekämpfte sie weite Teile der Gesellschaft, 1961 mauerte sie die gesamte Gesellschaft ein und ordnete Erziehungshaft mit nur geringen Bewährungsmöglichkeiten an. Wer sich offen gegen die Partei stellte, bekam sehr genau zu spüren, wie es mit der Friedfertigkeit der Kommunisten wirklich beschaffen war. Ja, es ist richtig, die DDR führte keine Kriege. Aber ein Friedensstaat sieht anders aus, denn Frieden ist eben doch mehr als nur die Abwesenheit von Kriegen mit anderen Staaten.

15. War die DDR ein Unrechtsstaat? In der DDR gab es eine Verfassung, Gesetzbücher, ein Gesetzblatt, eine Strafprozessordnung, Gerichte, Staatsanwälte, Richter, Rechtsanwälte, Gefängnisse. Allerdings war die Justiz weder frei noch unabhängig, es existierte keine Gewaltenteilung, keine Verwaltungsgerichtsbarkeit, kein Verfassungsgericht. In der ersten DDR-Verfassung gab es den Artikel 6 «Boykotthetze», unter den jedes Abweichen von der SED-Norm fallen konnte. Hohe Zuchthausstrafen und selbst die Todesstrafe drohten hier. In der zweiten DDR-Verfassung von 1968 ist der Machtanspruch der SED sogar zum Verfassungsprinzip erklärt worden. Das Strafgesetzbuch kannte überdies politische Straftatbestände wie «staatsfeindliche Gruppenbildung», «staatsfeindliche Hetze», «Staatsverleumdung», «öffentliche Herabwürdigung», «Zusammenrottung» u. a. m. In der Verfassung waren Rede-, Versammlungs-, Vereinigungs- und Meinungsfreiheit garantiert, in der Realität sind diejenigen, die sich dieser Rechte öffentlich bedienten, strafrechtlich belangt worden.

Recht und Justiz waren den Herrschafts- und Machtansprüchen der SED vollkommen unterworfen. Polizei, MfS und Justiz waren auf die Bedürfnisse der Staatspartei ausgerichtet. Das Justizwesen zählte nach 1945 zu den Institutionen, die von den Kommunisten vollkommen neu aufgebaut worden waren. Ab Mitte der fünfziger Jahre waren Richter und Staatsanwälte durchweg auf Parteilinie, am Ende der achtziger Jahre galt dies für die knapp 1500 Richter und 1200 Staatsanwälte ebenso, aber auch für die meisten Notare, Gerichtssekretäre, Justitiare in den Betrieben und für fast alle 590 Rechtsanwälte, die in der DDR praktizierten. Ende der fünfziger Jahre hatte SED-Chef Walter Ulbricht verkündet, die Juristen müssten begreifen, dass der Staat und das von diesem erlassene Recht einzig dazu diene, die Politik der SED durchzusetzen. Auch wenn es im Zivilrecht durchaus moderne Gesetze und Rechtssprechungen gab, so diente die Justiz insgesamt diesen von Ulbricht formulierten Ansprüchen. Die SED sperrte etwa 200 000 bis 250 000 Menschen aus politischen Gründen in Gefängnissen ein. Sie stritt dies offiziell ab. Denn ihr galt jeder politisch Andersdenkende potentiell als Krimineller, jeder von einem Gericht verurteilte – und sei es wegen politischer Opposition oder Fluchtabsichten – als Verbrecher.

Die Mehrzahl der politischen Häftlinge waren Menschen, die einfach nur die DDR verlassen wollten. Andere hatten öffentlich Kritik artikuliert oder Widerstand gegen das SED-System geleistet. Dabei wurden nicht nur aufsehenerregende öffentliche Handlungen verfolgt und bestraft, auch die Weitergabe verbotener Bücher, wie etwa George Orwells «1984», konnte zu einer Haftstrafe führen. Schließlich gab es vor allem in den fünfziger Jahren tausende Menschen, die aus «objektiven» Gründen zu «objektiven Gegnern» erklärt wurden: der «Klassenkampf» der Kommunisten gegen Bauern, den Mittelstand, die Kirchen, das Bürgertum führte immer wieder dazu, dass «Klassenfeinde» zum Zwecke der Abschreckung zu drakonischen Zuchthausstrafen verurteilt wurden. Die sichtbarsten Symbole des Unrechtsstaates waren die Mauer und die Sperranlagen an der innerdeutschen Grenze. Hunderte Tote, die von Grenzsoldaten erschossen wurden oder bei ihren Fluchtversuchen auf andere Weise ums Leben kamen, zeugen davon, dass der SED nicht selten jedes Mittel recht war, um ihren Herrschaftsanspruch durchzusetzen.

Dabei schreckte sie auch nicht davor zurück, das von ihr selbst erlassene Recht zu beugen. Sie hielt sich weder an ihr Wahlgesetz noch ließ sie Familien-, Verkehrs- oder Zivilrecht gelten, wenn sie ihre Interessen in Gefahr wähnte. Darüber gab es schon in der DDR Witze, wie der Folgende zeigt: «Ein SED-Funktionär, der betrunken zwei Bürger angefahren hat, fragt den Richter verängstigt nach seiner zu erwartenden Strafe: ‹Du wirst frei gesprochen, Genosse! Der Mann, der durch die Scheibe deines Autos flog, wird wegen Einbruchs verurteilt. Und der andere, der 15 Meter durch die Luft flog, wird wegen Unfallflucht bestraft›.»

Gerade weil Justiz und Rechtsprechung allein politisch-ideologischen Vorgaben folgten, weil keine Verwaltungsgerichtsbarkeit existierte und weil nirgendwo eine prinzipielle Unabhängigkeit gegenüber dem Herrschaftsanspruch der SED gewahrt wurde, war die DDR ein Unrechtsstaat. Unrecht war strukturell und politisch bedingt, Recht blieb stets willkürlich.

16. Wohin ging man zum «Zettelfalten»? Vor der Volkskammer steht ein Polizist, der von einem kleinen Jungen angesprochen wird: «Onkel, darf ich da mal reinschauen?» – «Nein, das geht nicht.» – «Warum denn nicht?» – «Vorschrift ist Vorschrift. Warum willst du denn da überhaupt rein?» – «Ooch, ich wollte nur sehen, ob mein Vati recht hat. Der sagt immer, da sitzen lauter Weihnachtsmänner herum.» Freien und demokratischen Wahlen stellte sich die SED zwischen 1949 und 1989 nie. Die «Wahlen», die sie durchführte, waren seit 1950 immer gefälscht worden, um eine Zustimmung von jeweils knapp 100 Prozent aller Wahlberechtigten – auch die Wahlbeteiligung erreichte nach diesem Schema meist annähernd 100 Prozent – vorzutäuschen. Der Wahlmodus, der nicht zwischen Kandidaten oder Listen unterschied, sondern eine Einheitsliste, auf der SED-Mitglieder dominierten, zur Zustimmung offerierte, untergrub bereits vom Ansatz her demokratische Prinzipien. Es ging nicht darum, eine Entscheidung zwischen Kandidaten zu treffen, sondern dem Vorschlag, so wie er war, zuzustimmen, indem man offen den Wahlschein einmal faltete und in die Wahlurne schmiss. Daher das Wort vom «Zettelfalten». Jeder machte sich verdächtig und wurde entsprechend registriert, der die in einer entlegenen Ecke des Wahllokals verwaiste Wahlkabine, sofern sie überhaupt vorhanden war, aufsuchte.

Gegen diese «Wahlen» erhob sich seit den ersten Volkskammerwahlen im Oktober 1950 immer wieder Protest. Der Oberschüler Hermann-Joseph Flade sollte wegen der Verbreitung von Flugblättern gegen die ersten Volkskammerwahlen sogar hingerichtet werden. Nur massive Proteste in ganz Deutschland verhinderten diesen Mord. Als am 7. Mai 1989 Kommunalwahlen in der DDR anstanden, organisierte die Opposition erstmals den flächendeckenden Nachweis darüber, dass diese «Wahlen» systematisch gefälscht wurden. In etwa 1000 Wahllokalen in über 50 Städten und Gemeinden beobachteten Oppositionelle die Stimmenauszählung und konnten so nachweisen, dass die von ihnen ermittelten Wahlergebnisse deutliche Diskrepanzen zu den offiziell verkündeten aufwiesen.

Die kommunistische Propaganda suggerierte unentwegt, die Mehrheit der Bevölkerung stünde hinter der kommunistischen Idee und nur eine kleine Minderheit sei «noch» nicht dafür gewonnen. Diese angebliche Einheitlichkeit der Gesellschaft sollte durch den Wahlausgang oder durch die ständigen Massenaufmärsche symbolisiert werden. Die Absicherung von Wahlen nannte das MfS nicht zufällig «Aktion Symbol». Dieses Codewort deutet auch an, warum die SED-Führung auf ein Ergebnis um 99 Prozent beharrte und so viele Tricks anwandte, um auch die Nichtwähleranteile (1989 offiziell etwas mehr als 150 000) gering zu halten. Nichtwähler und Gegenstimmen machten 1989 zusammen offiziell rund 300 000 von 12,5 Millionen Wahlberechtigten aus. Das schien auf 15 Bezirke verteilt überschaubar. Es liegt im Wesen von kommunistischen Diktaturen begründet, nur eine kleine Gruppe von Gegnern des «historischen Fortschritts», der «historischen Gesetzmäßigkeiten» und vor allem der allumfassenden «Fürsorgepolitik» als Restgruppe bürgerlicher Anschauungen offiziell einzuräumen. Eine Fälschung, die nur je drei Punkte mehr Gegenstimmen und Nichtwähler zugelassen hätte, hätte schon eine Personengruppe von etwa einer Million Menschen umfasst. Die hätten sich nicht so einfach wegdiskutieren lassen. Die SED sah die Gefahr der Nachahmung, ein Effekt, den sie besonders fürchtete.

17. Wie mächtig war das MfS? Das Ministerium für Staatssicherheit war, wie es sich selbst definiert hatte, «Schild und Schwert der Partei». Es war kein «Staat im Staate», sondern von den Weisungen und Befehlen aus dem obersten Machtapparat, der SED-Parteiführung, abhängig. Die Arbeitsmethoden der Geheimpolizei waren den SED-Funktionären nicht vertraut. Das mussten sie nicht, weil das MfS als «Schild» mögliche Angriffe abzuwehren und als «Schwert» Angreifer auszuschalten hatte. Und da nicht das MfS, sondern die marxistisch-leninistische Theorie ein vielschichtiges Feindbild erfunden hatte («Wer nicht für uns ist, ist gegen uns!»), entfaltete sich das Wirken der Geheimpolizei auf der Basis der kommunistischen Staatspraxis und Theorienwelt.

Gegründet im Februar 1950 legte es sich im Laufe der Jahre wie ein Krake über die Gesellschaft. Es hatte ähnlich wie Partei und Staat eine Struktur, die von der Zentrale über die Bezirksverwaltungen und die Kreisverwaltungen bis hin zu Objektdienststellen und Einrichtungen in Universitäten, der Polizei, der Armee, dem Zoll und anderen Institutionen reichte. Die einzelnen Abteilungen nahmen Staat und Gesellschaft komplett ins Visier. Es gab praktisch nichts, wofür sich das MfS in den achtziger Jahren nicht zuständig fühlte. Beschäftigte es am Anfang einige tausend Mitarbeiter und ebenso viele Geheime Mitarbeiter, so verdingten sich am Ende der DDR 91 000

Hauptamtliche und nochmals rund 189 000 Inoffizielle Mitarbeiter beim MfS.

Auch die «Hauptverwaltung Aufklärung» (HV A) des MfS, der Geheimdienst, war kein «normaler» Dienst. Bis Ende 1986 leitete die HV A General Markus Wolf, ihm folgte General Werner Großmann. Entgegen vielen Legenden agierte sie nicht nur im Ausland. Sie hatte auch in der DDR Aufträge zu erfüllen, zudem sind eine Vielzahl der Auslandsinformationen gewonnen worden, um innerhalb der DDR geheimpolizeilich benutzt zu werden. Das betraf zum Beispiel den gesamten Fluchtkomplex, ebenso sind die Verbindungen von Kirchen und Opposition ins Ausland vor allem mit Hilfe der HV A aufgeklärt und bekämpft worden.

Bis zum Mauerbau 1961 hat das MfS Gegner der DDR mit brutalen Methoden und offenem Terror verfolgt und bestraft. Folter in den Untersuchungshaftanstalten war keine Ausnahmeerscheinung. Nach dem Mauerbau verlegte sich das MfS bei der Verfolgung und Bekämpfung der Opposition immer mehr auf die leise Form des Terrors, die Zersetzung. Damit werden subtile, anonyme und für die Betroffenen undurchschaubare MfS-Aktivitäten umschrieben. Die Zersetzungsmethoden waren vielfältig und perfide. Die Seele sollte gebrochen werden.

Auch wenn das MfS kaum sichtbar war, schien es omnipräsent. Nur wenige DDR-Menschen wussten Einzelheiten über die Staatssicherheit, aber fast jeder beteiligte sich an Spekulationen über die Allgegenwart der Schlapphüte. Es gab kaum einen Bereich, in dem die Menschen nicht «die Stasi» wähnten. Viele Menschen redeten an Telefonen nur belangloses Zeug, weil sie fürchteten, abgehört zu werden. Dieses Bedrohungsgefühl gehörte zum Kalkül der Diktatur. Wollte man einem Menschen schaden, sein Ansehen oder seine Sozialbeziehungen zerstören, so brachte das MfS selbst in Umlauf, die entsprechende Person arbeite für die Staatssicherheit. Das gehörte zur Zersetzungsstrategie.

Der Schriftsteller Jürgen Fuchs hat diesen «leisen» Terror ein «psychosoziales Verbrechen» genannt. Zersetzung schlug sich u. a. nieder in der Inszenierung beruflicher Misserfolge durch Bildungs- und Berufsverweigerung, der Einschränkung der Bewegungsfreiheit, dem Entzug des Führerscheins, der Diskreditierung durch die Verbreitung von Gerüchten und falschen Informationen, konzentriert auf Ehebruch, pornographische Interessen, Alkoholmissbrauch, Verführung Minderjähriger, Geldgier, Vernachlässigung elterlicher Pflichten, Verrat von politischen Mitstreitern, Freunden und Verwandten in Verhören, Kontakten zu rechtsextremen Kreisen, der Zerstörung des Privatlebens durch demonstrative Tag- und Nachtbeobachtungen, ständige telefonische Anrufe, Annoncenkampagnen, heimliche Hauseinbrüche und das Verstellen von Gegenständen, Beschädigung privaten Eigentums, Vortäuschung außerehelicher Beziehungen und verdeckt organisierte Entfremdung der Kinder von den Eltern. Eine besondere Rolle spielten dabei die IM, von denen niemand wissen konnte, was die MfS-Offiziere selbst mit scheinbar nebensächlichen Informationen anfangen würden. Kein IM kann von sich behaupten, er habe niemandem geschadet, weil er nicht wissen konnte, wofür seine Informationen tatsächlich dienten.

Das MfS ist nicht nach 1989 dämonisiert worden. Es hat sich bis 1989 selbst, und zwar bewusst, dämonisiert. Das Spiel mit der Angst, mit der Angst vor dem MfS, basierte auf dem blanken Terror in den fünfziger Jahren und auf der unsichtbaren, aber permanent gefühlten Omnipräsenz seit den sechziger Jahren. Aus all diesen Gründen war das MfS in der Bevölkerung tief verhasst.

18. Wer war der ABV? Der Abschnittsbevollmächtigte (ABV) war ein Volkspolizist, der für ein bestimmtes Wohngebiet oder eine ländliche Region der zuständige Ansprechpartner war. An seiner Uniform trug er am Ärmel einen Aufnäher, der ihn als ABV kennzeichnete. Er war nicht unbedingt für alles zuständig, aber tat so und trat so auf, als wäre er für alles zuständig. Der ABV hatte ein eigenes Büro mit Sprechzeiten. Er war «vor Ort» das sichtbarste Symbol der Staatsmacht. Er kontrollierte die Einhaltung der Verordnungen und Gesetze und war im Alltag nie um Ratschläge, Hinweise, Ermahnungen und Strafandrohungen verlegen. Die Menschen kannten meist «ihren» ABV. Über welche Befugnisse er genau verfügte, wusste kaum jemand. Dies war aber auch wiederum uninteressant, da jede Anweisung des ABV wie eine höchstrichterliche Entscheidung zu befolgen war, andernfalls stand die Gefahr im Raume, gegen staatliche Anweisungen verstoßen zu haben, was unangenehme Folgen haben konnte.

Ein Mensch in Uniform trat dem Bürger aus nicht näher bekannten Gründen prinzipiell unfreundlich, abweisend und unhöflich gegenüber. Der Ton war stets belehrend, von oben herab, jeder sollte sich schuldig fühlen, und jeder Uniformträger schien im Bürger einen potentiellen Unruheherd gesehen zu haben. Daran hatten sich viele im Laufe der Jahrzehnte gewöhnt, gewöhnungsbedürftig im Alltag war dennoch stets aufs Neue die Borniertheit der Uniformträger, für die nicht allein die Rekrutierungspraxis verantwortlich war, sondern das System selbst. Es hatte die Uniformträger, die es brauchte. Nur im Fernsehen und in Spielfilmen traten sie stets als freundliche und umsichtige «Freunde und Helfer» in Erscheinung. Dem Abschnittsbevollmächtigten sind auch in zahlreichen Büchern Lorbeerkränze geflochten worden. Der Alltag aber war davon gekennzeichnet, dass der Bürger als Bittsteller dem Uniformträger gegenübertrat. Der ABV stolzierte durch sein Revier wie ein kleiner Fürst, aber zugleich stets gewahr, nicht gerade als Sympathieträger zu gelten. Viele hatten Angst und Beklemmungen vor Uniformträgern, und weil diese um ihr geringes Prestige wussten, traten sie nur umso energischer und unfreundlicher auf, was die Ablehnung nicht abmilderte. Sie nahmen eine Stellvertreterrolle als Repräsentanten des Staates wahr. Der ABV ist nicht mit heutigen «Kontaktbeamten» der Polizei vergleichbar, weil er strukturell eng mit dem MfS zusammenarbeitete, weil er bei Bedarf Charakterisierungen einzelner Personen abzuliefern hatte, weil er die korrekte Führung der «Hausbücher» kontrollierte und schließlich, weil er einen wichtigen Bestandteil der Diktatur darstellte.

19. Gab es die «sozialistische deutsche Nation»? Mit dem VIII. Parteitag der SED, der vom 15. bis 19. Juni 1971 tagte, begann die «Ära Honecker». Der Parteitag bedeutete deutschlandpolitisch eine Zäsur, weil sich die SED-Führung offiziell von der einheitlichen deutschen Nation verabschiedete. Fortan war in der DDR «bei der Einschätzung der nationalen Frage von ihrem Klasseninhalt» auszugehen. Honecker führte aus: «Im Gegensatz zur BRD, wo die bürgerliche Nation fortbesteht und wo die nationale Frage durch den unversöhnlichen Klassenwiderspruch zwischen Bourgeoisie und den werktätigen Massen bestimmt wird, (...) entwickelt sich bei uns die sozialistische Nation.» In der veränderten DDR-Verfassung von 1974 ist jeder Hinweis auf den Fortbestand der deutschen Nation getilgt worden.

Honeckers «Bi-Nationen-Konzept» wurde maßgeblich hervorgerufen durch die These der Bonner sozialliberalen Koalition unter Willy Brandt von den «Zwei Staaten – Eine Nation». Die neue Ost- und Deutschlandpolitik der bundesdeutschen Regierung seit 1969/70 drängte die SED in die Defensive und verstärkte ihre Abgrenzungsbestrebungen. Die These von den zwei deutschen Nationen hatte in der DDR bis 1989 Bestand. Zu keinem Zeitpunkt hing eine Mehrheit der DDR-Bevölkerung der offiziellen SED-Nationentheorie an. SED-Funktionäre und -Gesellschaftswissenschaftler bemühten sich zwanzig Jahre, die Zwei-Nationen-Theorie zu beweisen. Alles unterlag dem Ansinnen, ein «DDR-Nationalbewusstsein» zu stiften. Dazu gehörte, dass die Menschen sich mit dem sozialistischen deutschen Staat identifizierten. Der Flop mit der «DDR-Nation» zeigte sich 1989/90 eindringlich.

20. Mussten alle Jugendlichen Mitglied der FDJ werden? Die «Freie Deutsche Jugend» (FDJ) ist 1946 gegründet worden. Zunächst hieß es, sie sei überparteilich und für alle Weltanschauungen offen. Bis 1948 kristallisierte sich aber heraus, dass die FDJ als Jugendorganisation der SED fungierte. Später hieß es immer, sie sei die «Kampfreserve der Partei». Im Oktober 1950 waren erstmals mehr als eine Million der über 14jährigen Jugendlichen und jungen Erwachsenen Mitglied. 1985 erreichte die Mitgliederzahl ihren Höchststand mit etwa 2,3 Millionen. Vor allem bei den 14- bis 18jährigen erreichte die FDJ einen Organisationsgrad von über 90 Prozent, aber auch fast alle Studierenden waren FDJ-Mitglieder. Bereits in den fünfziger Jahren war die Zulassung zu bestimmten Studienfächern wie etwa das Lehrerstudium ohne eine FDJ-Mitgliedschaft praktisch unmöglich. Die Jugendorganisation war auf den Marxismus-Leninismus festgelegt. In den fünfziger Jahren zählte sie zur Speerspitze im Kampf gegen die Kirchen, insbesondere gegen die kirchliche Jugendarbeit und die Jungen Gemeinden.

Die FDJ hatte die Aufgabe, die Jugend ideologisch zu formen und trieb maßgeblich die Militarisierung des Alltags voran. Alljährlich inszenierte sie große Massenaufmärsche mit hunderttausenden Teilnehmern. Im Schulalltag spielte sie ebenfalls eine große Rolle. Ein Tag in der Woche sollte nachmittags der FDJ-Arbeit vorbehalten bleiben. Montags begann in aller Regel der Schulunterricht mit einem militärähnlichen Fahnenappell, bei dem alle FDJ-Mitglieder ihr «Blauhemd» tragen sollten. Die Kinder hatten in der weißen Pionierbluse mit blauem bzw. rotem Halstuch zu erscheinen. Auch bei den Pionieren war die absolute Mehrheit aller Kinder Mitglied. Bereits bei den Pionieren und in der FDJ gab es ein Schulungssystem, das die

Kinder und Jugendlichen zu kleinen Funktionären heranbildete. Erster Chef der FDJ war Erich Honecker (1946–55), einer seiner Nachfolger war Egon Krenz (1974–83). Das führte zu dem geflügelten Wort von den «Berufsjugendlichen».

Wer nicht Mitglied der FDJ war, hatte vor allem Nachteile zu erdulden, wenn es um das Abitur und einen Studienplatz ging. Die meisten Kinder und Jugendlichen haben diese Mitgliedschaft als lästige Pflicht erlebt und sich entsprechend verhalten. Im Kern ging es der SED darum, auch sie restlos zu erfassen, zu mobilisieren und diejenigen, die nicht mitmachten, als Außenseiter abzustempeln. Eine förmliche Mitgliedspflicht gab es nicht.

21. Wie bildete die Volksbildung das Volk?

Das Volksbildungssystem umfasste Krippen und Kindergärten, die Polytechnische (POS) und die Erweiterte Oberschule (EOS), die Berufsausbildung mit Abitur sowie die «Arbeiter-und-Bauern-Fakultäten» (ABF). Die ABF sind nach 1945 gebildet worden, um bislang bildungsfernen Schichten in einer Art Notabitur den Hochschulzugang zu ermöglichen. Die POS führte seit ihrer Einführung 1958/59 bis zur 10. Klasse, die EOS zum Abitur. Bei der Berufsausbildung mit Abitur erlernte der Schüler einen Facharbeiterberuf und legte zugleich das Abitur ab.

Im Zentrum des Volksbildungssystems stand seit 1958/59 der Gedanke, eine enge Verbindung zwischen «Praxis und Theorie» zu gewährleisten. Konkret schlug sich dies darin nieder, dass die Schüler ab der 7. Klasse wöchentlich alternierend einen Tag entweder in einem Betrieb oder einer speziellen Werkstatt praktisch arbeiteten oder aber in der sozialistischen Wirtschaftstheorie unterrichtet wurden.

Das gesamte Volksbildungssystem hatte den Auftrag, «allumfassend gebildete sozialistische Persönlichkeiten» heranzuziehen. Der Schulalltag war militarisiert (Fahnenappelle, militärähnlicher Sportunterricht, Begrüßungsrituale, Lehrinhalte u. a. m.), was sich ab 1978 mit dem Pflichtfach «Wehrkunde» noch steigerte. Auch die Unterrichtsinhalte dienten der ideologischen Indoktrination. Im Staatsbürgerkundeunterricht wurden ausschließlich der Marxismus-Leninismus und die SED-Politik gelehrt, in Geschichte das kommunistische Weltbild vermittelt, aber selbst die naturwissenschaftlichen Fächer oder der Sprach- und Literaturunterricht waren auf die ideologischen Bedürfnisse der SED ausgerichtet. Vermittelt und behandelt wurde nur, was den kommunistischen Ideologiewächtern genehm war. Es ging darum, auf die kommunistische Weltanschauung einzuschwören und dafür zu sorgen, dass sich alle dem Kollektiv unterordneten und nicht auf ihrer Individualität beharrten. Das Volksbildungssystem war eines der zentralen Instrumente, mit denen bereits die Kinder und Jugendlichen zur Anpassung erzogen wurden. Selbständiges, kreatives Denken war ebenso verpönt wie die freie Rede. Die Schule diente nicht selten auch zur ideologischen Kontrolle der Elternhäuser. Das DDR-Volksbildungssystem war in der Realität ein Verbildungssystem, das mit humanistischer Bildung nicht viel gemein hatte. Das Bildungssystem war vor allem ein Erziehungssystem.

22. Was war die «sozialistische Persönlichkeit»?

Der Alltag war von ständigen Ermahnungen geprägt. Die Vertreter des SED-Staats behandelten die Menschen wie Zöglinge. Zu den Klassikern der mahnenden Worte zählten «Du musst deine politische Einstellung ändern!» oder: «Du hast ein falsches Bewusstsein!» Das war nicht nur paternalistisches Gehabe, sondern hing eng mit dem Kommunismusprojekt zusammen. Denn es baute auf der Annahme auf, das Bewusstsein der Menschen sei gezielt steuerbar. So wie die geschichtliche Entwicklung gesetzmäßig auf den Kommunismus zulaufe und die kommunistische Partei diesen Prozess beschleunige, so würden sich auch die Menschen zwangsläufig zu Kommunisten entwickeln.

Walter Ulbricht verkündete auf dem V. SED-Parteitag 1958 in bewusster Anlehnung an das Christentum «Zehn Gebote für den neuen sozialistischen Menschen». Sie besagten, der «neue sozialistische Mensch» habe sich «für die internationale Solidarität der Arbeiterklasse» einzusetzen, solle sein «Vaterland lieben» und dieses mit aller Kraft verteidigen, die Ausbeutung beseitigen, «gute Taten für den Sozialismus vollbringen», «das Kollektiv achten und seine Kritik beherzigen», «das Volkseigentum schützen und mehren», ständig die eigene Leistung verbessern und «sparsam sein», die «Kinder im Geiste des Friedens und des Sozialismus zu allseitig gebildeten, charakterfesten und körperlich gestählten Menschen erziehen», «Solidarität mit den um nationale Befreiung kämpfenden und den ihre nationale Unabhängigkeit verteidigenden Völkern üben» sowie «sauber und anständig leben» und die «Familie achten». Diese Gebote wurden ab Mitte der siebziger Jahre offiziell nicht mehr verbreitet, aber ihr Geist blieb bestehen. Die «sozialistische Persönlichkeit» zeichne sich demnach durch «Streben nach umfassender Allgemeinbildung und ständiger Vervollkommnung des fachlichen Wissens» aus, arbeite selbstständig, habe einen «festen Klassenstandpunkt», trete aktiv für den kommunistischen Staat ein und verfüge über «hohe moralische Qualitäten und Verhaltensweisen». Für die Herausbildung dieser Persönlichkeit seien der Staat und die Partei zuständig.

Das alles blieben keine hohlen Phrasen. Der SED-Staat geriet zu einer Erziehungsdiktatur. Hauptziel dabei war, die individuellen Interessen denen der SED anzugleichen. Erst das Kollektiv, dann das Individuum, lautete das Ziel. Die Realität aber hat Freiräume zugelassen. Auf der einen Seite konnten zwar SED-Mitglieder aufgrund eines «unmoralischen Lebenswandels», etwa wenn sie außerehelichen Sex hatten, bestraft und sogar aus der Partei ausgeschlossen werden. Auf der anderen Seite stieß der SED-Staat mit seinem Erziehungsprogramm schon deshalb beständig an Grenzen, weil die meisten Menschen den Kollektivierungswahn nicht mitmachten. Entweder sie taten nur so, als marschierten sie mit, oder aber sie verweigerten sich ganz. Der SED war das bewusst, deshalb hat sie vor allem in den achtziger Jahren nur noch jene verfolgt und bestraft, die sich offen politisch gegen das Regime stellten. Es war im Übrigen kein Zufall, dass 1989 die scharfe Kritik an der DDR-Volksbildung mit zu den Auslösern der Massenbewegungen gegen das System wurde. Denn hier hatte sich das Erziehungsziel «sozialistische Persönlichkeit» am stärksten ausgewirkt.

23. Warum hatte die DDR eine Reichsbahn, wo es doch kein Reich mehr gab? Dass ausgerechnet in der DDR eine «Deutsche Reichsbahn» durch die Gegend fuhr, wunderte schon vor 1989 viele Menschen, insbesondere jüngere. Wenn man danach fragte, bekam man nur kryptische Antworten. Dabei wäre die Auflösung ganz einfach gewesen. Die Siegermächte des Zweiten Weltkrieges hatten festgelegt – nicht ahnend, wie lange die deutsche Teilung und die Teilung Berlins andauern würden –, dass allein der «Deutschen Reichsbahn» die Betriebsrechte über das Streckennetz in Berlin obliege. Es war also eine rein statusrechtliche Frage, warum in der DDR die Züge als «Deutsche Reichsbahn» durch die Landschaft ratterten. Hätte die DDR diesen Namen aufgegeben, so hätte sie die Hoheit über das S-Bahn-Netz in West-Berlin verloren. So aber behielt die DDR es bis 1984 in ihren Händen.

Aber nicht nur die «Reichsbahn» irritierte. Auch andere sprachpolitische Eigentümlichkeiten waren zu beobachten. Kunstfasern (Polyamidfasern), die zur Herstellung von Textilien verwendet wurden, hießen «Dederon», eine Zusammensetzung aus DDR und der Endung «on» (wegen des aus den dreißiger Jahren stammenden Kunstwortes «Perlon»). Ein aus Kunstfasern entwickelter Herrenanzug wurde «Präsent 20» genannt, weil er zum 20. Jahrestag der DDR auf den Markt kam. Vor allem um Anglizismen zu vermeiden, erfand die SED zahlreiche neue Worte. Die «Frisbee-Scheibe» hieß offiziell «Wurfrotationsflachkegel», ein Hot Dog «Ketwurst», ein Hamburger «Grilletta», ein gebratenes Hähnchen aber wiederum «Goldbroiler». In der Alltagssprache setzten sich solche Begriffsschöpfungen ebenso nur bedingt durch (Goldbroiler wäre eine Ausnahme) wie die angestrebte Russifizierung der Sprache eher randständig blieb (Ausnahmen wären die «Datsche» für Wochenendgrundstück oder «Subbotnik» für «freiwilligen» Arbeitseinsatz). Noch weniger erfolgreich waren bürokratische Sprachschöpfungen wie etwa «Erdmöbel» für Sarg, «Sättigungsbeilage» für Salat, «Stadtbilderklärer» für Stadtführer, «Feierabendheim» für Alters- oder Seniorenheim oder «Winkelement» für Fahne. Davon gab es ebenso unzählige wie in der Alltagssprache auf die ideologischen Anmaßungen ironisch reagiert wurde. So wurden die genormten und hellhörigen Neubauwohnungen «Arbeiterschließfächer» genannt, das MfS hieß «Horch und Guck», «Stasi» oder «die Firma», das SED-Abzeichen «Bonbon», ein überzeugter Kommunist «Rote Socke», der politische Unterricht an Universitäten oder in der NVA «Rotlichtbestrahlung», und diejenigen, die kein Westfernsehen empfangen konnten, wohnten laut Volksmund im «Tal der Ahnungslosen». Beliebt bei Unzufriedenen war, selbst Verhältnisse der SED anzulasten, für die sie nun wirklich nichts konnte, so etwa wenn vom «Scheiß-Ost-Wetter» die Rede war. Wenn allerdings etwas als «ostoid» (oder auch «ostzonal») bezeichnet wurde, war dies in jedem Fall politisch abwertend gemeint.

24. Wie gelang es dem SED-Regime, die Bürger an sich zu binden?
Nur mit Angst, Anpassung, Einschüchterung und Verfolgung allein konnte das System nicht vierzig Jahre existieren. Die Anziehungskraft des realen Sozialismus gründete nach 1945 auf drei Säulen. Es sollte nie wieder Krieg von deutschem Boden ausgehen. Der Faschismus/Nationalsozialismus dürfe sich nie wiederholen. Und es

müssten alle Bevölkerungsgruppen gleiche Chancen erhalten, um sozial aufsteigen, Führungspositionen ausfüllen und sicher versorgt leben zu können. Die Kommunisten erklärten, ihr staatlicher und gesellschaftlicher Radikalumbau würde strukturell dafür sorgen, dass die DDR ein antifaschistischer Friedensstaat würde, in dem «jeder nach seinen Fähigkeiten und Möglichkeiten» arbeiten und leben könne.

Glichen Antifaschismus und Frieden eher abstrakten Werten, war das Versprechen sozialen Wohlstands und sozialen Aufstiegs sehr konkret, aber enorm risikoreich. Hier zeigten sich im Vergleich zwischen den fünfziger/sechziger und den siebziger/achtziger Jahren die größten Diskrepanzen. Die Armut und der Mangel in den fünfziger Jahren konnten noch mit den Schwierigkeiten des Wiederaufbaus gerechtfertigt werden. In den sechziger Jahren stellte sich in der DDR bescheidener Wohlstand ein. Der Vorteil der sechziger Jahre aber wandelte sich ab Mitte der siebziger Jahre, als die Entwicklungen stagnierten, in einen Nachteil. Denn die Menschen spürten nicht nur, dass die DDR auf der Stelle trat, sie sahen nicht nur täglich im Westfernsehen, dass ihre Lebensbedingungen im Vergleich zur Bundesrepublik Jahr für Jahr schlechter wurden, sie hatten zugleich in den sechziger Jahren erfahren können, dass auch im Sozialismus Modernisierungsschübe möglich waren. In den achtziger Jahren dagegen erschien vieles als altmodisch und überkommen. Ebenso verhielt es sich mit den sozialen Aufstiegsmöglichkeiten. In den fünfziger und noch in den frühen sechziger Jahren waren die Karriereschleusen weit geöffnet. Man durfte nur nicht politisch auffallen, musste in den üblichen Organisationen und möglichst auch in der SED Mitglied sein. Hunderttausende machten so Karriere, darunter viele aus ehemals bildungsfernen Schichten. Ende der sechziger, Anfang der siebziger Jahre war dies vorbei. Die Mobilität war ab jetzt extrem gering. Was für «Frieden» und «Antifaschismus» nicht galt, traf nun auf die Versprechen sozialen Wohlstands und sozialen Aufstiegs zu: sie büßten als Bindungskräfte an Wirksamkeit ein. In den achtziger Jahren beförderte die Stagnation die Loslösung breiter Bevölkerungsgruppen vom SED-Sozialismus.

Nun waren dies natürlich nicht alle Bindungskräfte. Regionale Verbundenheit, Familie, Freunde, privater Besitz gehörten ebenso dazu wie Trägheit, Faulheit, Müdigkeit, aber auch Lust aufs Verändern und Hoffnung auf Veränderungen. Hinzu kamen zwei weitere

Umstände. Die deutsche Teilung wurde von vielen als Sühnemaßnahme für die nationalsozialistischen Massenverbrechen gesehen. Die ganze Welt schien sich damit abgefunden zu haben. Bildeten Moskau mit seinen hunderttausenden Soldaten und der ostdeutsche Polizeistaat die alltäglich sichtbaren Grundlagen der SED-Herrschaft, so war die marxistisch-leninistische Theorie der Kitt, der das Gefüge zusammenhielt. Deshalb war das gesamte Land von einem politisch-ideologischen Schulungssystem überzogen, das kaum jemanden unerfasst ließ. Zu den Bindungskräften gehörten schließlich auch kleine Aufmerksamkeiten. Denn die SED verlieh unaufhörlich Auszeichnungen, Preise, Medaillen und Orden, die es in grotesker Anzahl gab, so dass man zwangsläufig den Überblick verlieren musste. In allen Betrieben hingen Porträts der «Besten» und fast jede Berufsgruppe wurde mit einem besonderen Tag im Jahr geehrt («Tag des Lehrers», «Tag des Bergmanns», usw.), an dem Auszeichnungen und Prämien verteilt wurden. Solche und viele andere Ehrungen dienten nicht nur der Mobilisierung für «die Sache», sondern erzeugten auch Anpassung, animierten zum Mitmachen und festigten innere Überzeugungen. Letztlich hat dies alles nicht genützt, weil diese Bindungskräfte nicht stark und überzeugend genug waren, um die ideelle wie materielle Mangelgesellschaft dauerhaft gesamtgesellschaftlich zu legitimieren.

25. Was bedeuteten die Symbole im Staatswappen? Am 17. Oktober 1989 erklärte ein ranghoher SED-Funktionär in Karl-Marx-Stadt (Chemnitz), «dass es nicht umsonst sei, dass wir einen Hammer in unserem Staatswappen haben, den wir jetzt brauchen, um zuzuschlagen». Erst 1959 erhielt die DDR offiziell ihr Staatswappen, das aus einem Zirkel, einem darüber befindlichen Hammer sowie einem beide umgebenden Ährenkranz bestand. Damit sollte die Einheit von Arbeiterklasse (Hammer), Intelligenz (Zirkel) und Bauern (Ährenkranz) symbolisiert werden. Dieses Wappen war auf der schwarz-rot-goldenen Staatsfahne abgebildet. Mit der Beibehaltung der «Deutschlandfahne» wollte die SED-Führung zum Ausdruck bringen, «dass in unserem Staat die großen fortschrittlichen Traditionen des deutschen Volkes ihre Fortsetzung finden in den bedeutenden historischen Umwälzungen unserer Gegenwart und der Zukunft».

Schon vor 1959 war das Staatswappen verwendet worden, allerdings nicht immer und zuweilen auch von variierenden Symbolen flankiert. Da es in der DDR zwar fast an allem mangelte, aber nie an Fahnenstoff und so manche DDR-Fahne beängstigende Ausmaße annahm, konnten 1989 aus den DDR-Fahnen problemlos Deutschlandfahnen hergestellt werden. Immer wieder haben sich Beobachter gewundert, woher auf einmal diese vielen Deutschlandfahnen im Herbst 1989 kamen. Das war ganz einfach. Man brauchte die Staatsfahne nur des DDR-Emblems zu entledigen und schon verfügte man über eine Fahne, die symbolisch ausdrucksstark gegen das SED-Regime verwendet werden konnte.

Das inoffizielle Wappen der DDR sah aber eigentlich ganz anders aus, wie folgender Witz zeigt: «Das Staatswappen wird geändert: Hammer und Zirkel mit dem Ährenkranz verschwinden. Dafür erhält das neue Staatswappen ein Nilpferd, dem das Wasser bis zum Halse steht und das dann noch die Fresse groß aufreißt.»

26. War die DDR eine Diktatur?   Dass dem so war, daran ließen nicht einmal die SED-Machthaber den geringsten Zweifel. Unentwegt sprachen sie von der «Diktatur des Proletariats», die in der DDR herrsche. Damit meinten sie in Anlehnung an Marx, Engels und Lenin, dass in der DDR die Arbeiterklasse die Macht ausübe. Im Marxismus-Leninismus gehört die «Diktatur des Proletariats» zu einer Schlüsselkategorie. So ist die Übergangsphase vom Kapitalismus zum Kommunismus charakterisiert worden. Die SED als «Vorhut der Arbeiterklasse» und als «Arbeiterpartei» bezog ihre Selbstlegitimierung als Alleinherrscherin aus diesem Konstrukt.

Allerdings hätte die SED den Diktaturbegriff abgelehnt, der heute mit ihrer Herrschaft verbunden wird. Denn dieser zielt nicht nur auf ihre «führende Rolle», sondern auf die strukturell bedingte und systematische Abwesenheit von Rede-, Meinungs-, Reise-, Vereinigungs-, Versammlungs- und Demonstrationsfreiheit oder das Fehlen anderer grundlegender Rechte wie etwa das Streikrecht. Ebenso zählt zum Diktaturcharakter der DDR, dass keine unabhängige Justiz existierte, dass die Geheimpolizei, das MfS, bar jeglicher Kontrolle war und allein der SED zu Diensten stand, dass die Medien restlos gleichgeschaltet waren, dass Zensur herrschte, dass der Mittelstand zerschlagen wurde, dass die Landwirtschaft zwangskollektiviert wurde, dass die gesamte Volkswirtschaft zentralistisch gelenkt und in der Hand der SED war, dass zehntausende Menschen wegen ihrer politischen Überzeugungen ins Gefängnis kamen und noch weitaus mehr deshalb anderweitig drangsaliert und verfolgt wurden, dass weder eine Verwaltungsgerichtsbarkeit noch ein Verfassungsgericht existierten, dass die anderen Parteien und die Massenorganisationen Erfüllungsgehilfen der SED waren, dass allein auf der Grundlage des Marxismus-Leninismus gelehrt und geforscht wurde. Viele weitere Punkte gehören dazu. Die Mauer schließlich war das nachhaltigste Symbol der SED-Diktatur. Wer das Land «illegal» verlassen wollte, riskierte sein Leben, Hunderte kamen dabei um.

Zur Diktaturrealität gehörte, dass viele Menschen sich einrichteten, mitmachten, sich abduckten, dabei verformt und beschädigt wurden, dies aber selbst nicht nur nicht beklagten, sondern ganz oft auch nicht so wahrnahmen. Im übertragenen Sinne gehören weniger die politisch bewusst gegen das Regime agierenden Menschen zu dessen Opfern, als in einem weitaus höheren Maße diejenigen, mit denen etwas gemacht wurde, die ihrer Lebenschancen beraubt wurden, die das System unverschuldet nicht durchschauten und deshalb in ihm gefesselt blieben. Die Charakterisierung eines Systems als Diktatur hängt nicht von der Wahrnehmung des Einzelnen ab, sondern von der Staatsstruktur und der politischen Realität. Auch wenn die DDR in ihrer vierzigjährigen Existenz ganz unterschiedliche Erscheinungsbilder abgab und es etwa in den siebziger und achtziger Jahren weitaus mehr Spielräume für den Einzelnen gab – sie blieb eine Diktatur vom ersten bis zum letzten Tag.

Die DDR in Deutschland und der Welt

27. Von wem wurde die DDR als Staat anerkannt? Bis zum Ende der sechziger Jahre war die DDR eine Art Paria der Weltgemeinschaft. Lediglich kommunistische Regime hatten sie offiziell als Staat anerkannt und Botschaften eröffnet. Maßgeblich dafür verantwortlich war die «Hallstein-Doktrin» von 1955, benannt nach einem Staatssekretär im bundesdeutschen Auswärtigen Amt. Mit dieser Doktrin bestimmte die Bundesregierung, dass sie für alle Deutschen spreche («Alleinvertretungsanspruch») und dass jeder Staat, der mit der DDR offizielle Kontakte aufnehme, mit der sofortigen Beendigung sämtlicher Beziehungen zur Bundesrepublik zu rechnen habe. Die einzige Ausnahme bildete die Sowjetunion, die seit 1955 sowohl zur Bundesrepublik wie zur DDR diplomatische Beziehungen unterhalten «durfte».

Ende der sechziger Jahre führte diese Doktrin in der Bundesrepublik zu heftigen Debatten, weil sie einerseits eine flexible Außenpolitik gegenüber Polen und anderen Ostblockstaaten verhinderte und andererseits die Bundesrepublik selbst in die außenpolitische Isolierung zu führen drohte. Das nichtkommunistische Kambodscha hatte 1969 die DDR anerkannt und eine Lawine ins Rollen gebracht. Die neue bundesdeutsche Ost- und Deutschlandpolitik und die damit einhergehende Entspannungsphase machten die «Hallstein-Doktrin» obsolet. Innerhalb weniger Monate wurde die DDR 1972/73 von über 100 Staaten offiziell anerkannt. Im September 1973 wurde sie – wie die Bundesrepublik – Mitglied der UNO. Diese internationale Anerkennungswelle trug zur innenpolitischen Stabilisierung bei. Weil die DDR nun international etabliert war, richteten sich auch viele DDR-Menschen darauf ein, dass die deutsche Teilung für eine unüberschaubar lange Zeit zementiert sei. Allerdings hat die Bundesrepublik weiterhin an der Einheit der Nation und der Wiederherstellung eines einheitlichen deutschen Staates als oberstem Verfassungsprinzip festgehalten. Deshalb gab es zum Beispiel auch keine deutschen Botschaften in dem jeweils anderen deutschen Staat, sondern lediglich «Ständige Vertretungen».

Im deutsch-deutschen Politikalltag kam es immer wieder zu Irritationen. Wenn bundesdeutsche Journalisten von «Deutschland» sprachen und damit nur die Bundesrepublik meinten, ärgerte dies auch viele kritisch eingestellte DDR-Menschen. Besonders grotesk wurde es 1974, als die DDR und die Bundesrepublik in Hamburg bei der Fußball-WM aufeinander trafen (und die DDR auch noch 1:0 gegen den späteren Weltmeister gewann). Es wurde lange darüber diskutiert, wie die bundesdeutschen Sportreporter das Spiel kommentieren sollten. Denn sie konnten nun schlecht von «Deutschland spielt gegen die DDR» sprechen. Also einigten sich die Hörfunkstudios nach langem Ringen darauf, die Bezeichnung «Bundesrepublik» zu verwenden. Die Abkürzung «BRD» war verpönt, weil es eine Erfindung der Kommunisten war, die sie als Gegenpart zu «DDR» gebrauchten und dabei «BRD» auch noch oft mit einer eigenen klassenkämpferischen Intonation aussprachen. Seit der Wiedervereinigung ist die Verwendung der Abkürzung BRD im politischen Raum und selbst in konservativen Medien nicht mehr verpönt. Die «Springer-Presse» hat übrigens die DDR viele Jahre nur als «Zone» oder ähnlich bezeichnet, die Abkürzung «DDR» verwendete sie nur mit Anführungszeichen. Das gab sie Anfang August 1989 auf – weil die DDR ein internationaler Faktor sei … – ein schönes Beispiel dafür, wie wenig die bevorstehenden Ereignisse vorauszusehen waren.

28. Warum bezahlte die Bundesrepublik für politische Gefangene der DDR?

Bis 1961 konnten die meisten politischen Häftlinge nach ihrer Haftentlassung über das «Schlupfloch» West-Berlin relativ ungefährdet in den Westen flüchten. Das war nach dem Mauerbau nicht mehr möglich. Eingefädelt von den Evangelischen Kirchen kam es 1962 zu inoffiziellen Verhandlungen zwischen der DDR und der Bundesregierung, in deren Folge ein Häftlingsfreikauf organisiert wurde. Bonn zahlte für einen politischen Häftling anfangs 40 000 DM, später bis zu 250 000 DM, damit dieser direkt aus der Haft in die Bundesrepublik entlassen werde. Auf diesem Weg kamen knapp 34 000 politische Häftlinge zwischen 1962 und 1989 in die Bundesrepublik. Die SED verdiente bei diesem «Menschenhandel» 3,4 Milliarden DM. Der Preis für jeden Häftling wurde jeweils nach Bedeutung des Gefangenen und der Schwere der «Rechtsverletzung» zwischen Regierungsbeauftragten neu ausgehandelt. Insbesondere der Honecker nahe stehende Rechtsanwalt Wolfgang Vogel, der bei allen Bundesregierungen höchstes Vertrauen genoss, verdiente bei diesem Geschäft kräftig mit.

Für die DDR war dies ein lukrativer Handel. Gerüchte gingen um, dass einzelne Angeklagte besonders hohe Haftstrafen erhielten, um die Freikaufsumme zu erhöhen, denn je höher das Urteil, je höher das «Kopfgeld». Ob dies tatsächlich so gehandhabt wurde, ist aber noch nicht systematisch erforscht worden.

Die Bundesregierung hat diesen Handel aus zwei Gründen betrieben. Zum einen wogen für sie die humanitären Gründe besonders schwer. Sie fühlte sich auch für die DDR-Menschen verantwortlich und wollte gerade jenen, die aus politischen Gründen in Haft saßen und in die Bundesrepublik wollten, ihr Schicksal erleichtern. Zum anderen jedoch gingen auch die Bundesregierungen davon aus, dass die deutsche Teilung noch lange andauern würde und deren Überwindung stärker von den Großmächten denn von deutschen Interessen abhänge. Deshalb war sie an einer Destabilisierung der innenpolitischen Lage in der DDR nicht interessiert, weil jeder Aufstand gegen das Regime nur in Massenterror mit vielen Toten und neuen innenpolitischen Verhärtungen münden würde. Gerade aber die politischen Häftlinge seien, würden sie nicht in die Bundesrepublik kommen können, potentielle Träger eines neuen Aufstandes, so das Kalkül in Bonn. Allerdings hat die Freikaufpolitik dennoch zur innenpolitischen Destabilisierung der DDR beigetragen. Denn an diesem «Handel» störten sich viele Menschen in der DDR. Deren Kritik traf aber ausschließlich das SED-Regime, weil das humanitäre Grundanliegen dieser Politik auf Seiten der Bundesregierungen unumstritten blieb.

29. Konnten die Deutschen sich trotz Mauer besuchen? Nach dem Mauerbau 1961 kam der deutsch-deutsche Besucherverkehr zum Erliegen. Hunderttausende Familien waren getrennt. Die Berliner waren besonders betroffen. Kurz vor Weihnachten 1963 kam es zum ersten Passierscheinabkommen zwischen der DDR und dem Senat von West-Berlin. Es galt für den Zeitraum vom 19. Dezember 1963 bis 5. Januar 1964. 700 000 Westberliner nutzten es für 1,2 Millionen Besuche. In den folgenden Jahren kam es zu vier weiteren solcher zeitlich begrenzten Abkommen. Pikanterweise erhielt dadurch das MfS feste Stützpunkte in den Westberliner Verwaltungen. Denn dort wurden Stellen eingerichtet, wo die Anträge auf Einreise eingereicht werden mussten. Da die Behörden aber keine offiziellen DDR-Staatsvertreter dulden wollten, einigte man sich darauf, dass diese Stellen von Mitarbeitern der «Deutschen Post» (der DDR) besetzt würden. Tatsächlich aber handelte sich um verdeckt arbeitende MfS-Angehörige der eigens dafür eingerichteten Abt. XVII. Die arbeitete bis 1989 – und ist bis heute unerforscht geblieben.

Nach 1971 verbesserten sich die Besuchsmöglichkeiten für Westberliner und vor allem für Bürger aus dem Bundesgebiet, weil der Besuchsverkehr in mehreren Abkommen geregelt worden ist. Schon seit Mitte der sechziger Jahre mussten Bundesdeutsche bei ihrer Einreise in die DDR zwangsweise pro Tag einen Mindestsatz 1:1 in DDR-Geld umtauschen, zuletzt 25 DM pro Tag. Innerhalb der DDR durften sie, sofern sie nicht bei Familien und Bekannten unterkamen, nur in bestimmten Hotels absteigen. Die Bundesregierung sponserte Besuchsreisen in die DDR, etwa von Schulklassen, großzügig. Selbst das Verschicken von Geschenkpaketen konnte steuerlich geltend gemacht werden.

Eine Reise in die Bundesrepublik war bis Ende der achtziger Jahre nur für eine kleine privilegierte Gruppe von DDR-Menschen möglich. Vor allem Sportler, Wissenschaftler, Künstler und natürlich Handelsmatrosen oder Stewardessen konnten Westluft schnuppern. Bis zum Mauerfall im November 1989 gab es keine Rechtsgarantien für Auslandsreisen. Lediglich in einige Ostblockstaaten kam man einigermaßen unkompliziert. Seit Ende 1964 durften Rentner einmal jährlich in den Westen reisen, später insgesamt 60 Tage im Jahr. Nach Abschluss des Grundlagenvertrages konnten ab 1972 auch jährlich einige tausend jüngere Menschen in «dringenden Familienangelegenheiten» reisen. Bis 1985 kam es jährlich zu 1,3 Millionen Rentnerreisen. Die Privatreisen «in dringenden Familienangelegenheiten» stiegen nur langsam an: 1982 verzeichnete die Statistik 110 000, 1983 118 000, 1984 124 000 und 1985 139 000 dieser Reisen. Zur gleichen Zeit kam es zu jährlich fünf bis acht Millionen Privatreisen aus der Bundesrepublik und West-Berlin in die DDR. Unter dem Druck, bundesdeutsche Wirtschaftshilfen zu erhalten, lockerte die SED-Führung ab 1986 die Genehmigungspraxis. 1986 konnten 573 000, 1987 1,3 Millionen, 1988 rund 1,6 Millionen und im ersten Halbjahr 1989 829 000 «Reisen in dringenden Familienangelegenheiten» registriert werden. 1987 bis 1989 lehnten die Behörden zudem noch eine weitere Million Reiseanträge ab oder nahmen diese «wegen fehlender Voraussetzungen» erst gar nicht an. Zudem verdreifachten sich die Rentnerreisen.

Die Reisenden erreichten die Bundesrepublik fast durchweg als touristische Sozialfälle. Einmal im Jahr durfte man als Reisender 15 DDR-Mark in 15 DM bei der ostdeutschen Staatsbank umtauschen. Die Fahrkarten konnten in der DDR gekauft werden. Bei allen weiteren Unkosten waren die DDR-Touristen auf die Unterstützung von Bund, Ländern und Kommunen und vor allem die Großzügigkeit der Verwandten, Freunde und Bekannten im Westen angewiesen. Das hat nicht gerade dazu beigetragen, die Bindung an die DDR zu stärken. Dennoch nutzte nur eine kleine Minderheit solche Reisen zur Flucht, weil meist nur ein Teil der Familie fahren durfte. Die Sehnsucht nach dem Westen ist durch diese Reisetätigkeit aber erheblich verstärkt worden.

30. Wem gelang die spektakulärste Flucht?

Zwischen 1949 und Sommer 1961 flüchteten rund 3 Millionen Menschen aus der DDR. In gesellschaftlichen Krisensituationen wie 1953, 1956 und 1961 schnellten die Flüchtlingszahlen in die Höhe, das war auch Ende der achtziger Jahre so. Der Bau der Mauer am 13. August 1961 stoppte den Flüchtlingsstrom. 1962 bis 1965 konnten immerhin noch über 50 000 Menschen flüchten (jeden Tag durchschnittlich 32), anschließend ging die Zahl aufgrund des ausgebauten Grenzregimes zurück. In den siebziger Jahren flüchteten jährlich etwa 4800 Menschen (täglich etwa 13), zwischen 1980 und 1985 waren es durchschnittlich noch rund 3000 (täglich rund 8). Der Schießbefehl brachte viele Menschen von Fluchtgedanken ab. Die Anzahl der vereitelten Fluchten übertraf dabei aber noch die erfolgreichen.

Bis Ende 1988 gab es in der DDR keine Rechtsgrundlage dafür, einen «Ausreiseantrag» in die Bundesrepublik stellen zu können. Lediglich im Fall von «Familienzusammenführung» und anderen «humanitären Gründen» prüften die Behörden einen Antrag, sonst galt ein Ausreiseantrag als «rechtswidrig». Erst auf internationalen Druck hin ist am 30. November 1988 eine vage Rechtsgrundlage fixiert worden. 1980 gab es 21 500 bestehende Ausreisanträge, 1985 53 000, 1987 über 105 000 und schließlich zum Sommeranfang 1989 rund 160 000. Insgesamt sind zwischen 1962 und Ende Oktober 1989 über 600 000 DDR-Menschen offiziell oder flüchtend in die Bundesrepublik entkommen, fast 200 000 davon allein 1989. Vor allem in den fünfziger Jahren sind auch mehrere hunderttausend Menschen aus der Bundesrepublik in die DDR umgezogen. Ausschlaggebend waren dafür meist familiäre oder berufliche Gründe, politische spielte nur für eine kleine Minderheit eine Rolle. Zwischen 1961 und 1989 kamen insgesamt noch einige tausend hinzu. Auch jetzt standen vor allem familiäre Gründe hinter der Übersiedlung. Aber es gab auch einige, die in der DDR das «bessere Deutschland» erblickten. Dazu gehörten zum Beispiel für das MfS tätige West-Agenten, die so einer Verhaftung zuvorkamen. Spektakulär war 1990 die Enttarnung von RAF-Terroristen, die in den achtziger Jahren in der DDR Unterschlupf gefunden, mit dem MfS zusammengearbeitet, eine neue Identität erhalten, ein kleinbürgerlich-spießiges Leben in der DDR geführt hatten und sich von ihrem mörderischen Tatendrang erholten.

DDR-Bürger, die flüchtend ihrem «Vaterland» den Rücken kehrten, waren oft erfinderisch. Hunderte fanden dabei den Tod, etwa wenn sie über die Ostsee oder die Donau (Rumänien) schwimmend den Westen erreichen wollten. Andere versuchten schlicht die Mauer oder die innerdeutschen Grenzanlagen zu überwinden, was gefahrvoll war, weil dort nicht nur scharfe Hunde, schwer bewaffnete Soldaten, Tretminen und Selbstschussanlagen lauerten, sondern weil die Grenzanlagen auch aus mehreren zu überwindenden Mauern und Zäunen bestanden. Wiederum andere bauten sich U-Boote, bastelten Ballons, gruben Tunnel, konstruierten Flugzeuge oder Hubschrauber, versuchten in Westautos herausgeschmuggelt zu werden. Im Westen existierten Fluchthelferorganisationen, die sich am Menschenschmuggel beteiligten und dabei nicht immer nur von hehren Motive getrieben wurden, sondern oft auch schlicht Geld verdienen wollten.

Letztlich war jede Flucht spektakulär, weil sie zeigte, dass das System nicht allmächtig war. Wenn im Westfernsehen ein Spielfilm oder eine Dokumentation zur Flucht aus der DDR ausgestrahlt wurde, waren die Einschaltquoten im Osten besonders hoch. Flucht und Ausreise bildeten stets zentrale Destabilisierungsfaktoren der SED-Herrschaft.

31. Kontrollierte das MfS heimlich das politische Geschehen in der Bundesrepublik? Seit der Öffnung der DDR-Archive ist immer wieder darüber spekuliert worden, ob SED und MfS Staat und Gesellschaft der Bundesrepublik unterwandert und so viele Entwicklungen insgeheim gesteuert hätten. Tatsächlich gibt es einige historisch bedeutsame Fälle, bei denen die DDR ihre Hände im Spiel hatte. Im

April 1972 versuchte der CDU-Vorsitzende Rainer Barzel, Bundeskanzler Willy Brandt mit einem konstruktiven Misstrauensvotum abzulösen. Rechnerisch wäre dies möglich gewesen. Das MfS bestach aber zwei CDU-Abgeordnete, so dass das Misstrauensvotum scheiterte und Brandt im Amt blieb. Zwei Jahre später trat er dennoch zurück. Am 24. April 1974 wurde bekannt, dass einer seiner engsten Mitarbeiter, Günter Guillaume, als MfS-Offizier seit 1956 in der Bundesrepublik lebte, arbeitete und spionierte. Der Kanzler trat am 6. Mai 1974 kurz vor Mitternacht zurück. Es gab eine ganze Reihe weiterer MfS-Agenten in Regierungsinstitutionen, im Bundestag, in den Parteien, in der Wirtschaft, bei den Medien, in der Wissenschaft und vielen anderen gesellschaftlichen Bereichen wie zum Beispiel der Friedensbewegung.

Im Mai 2009 ist die Debatte um die Unterwanderung der Bundesrepublik neu entfacht worden. Es wurde bekannt, dass der Westberliner Polizist Karl-Heinz Kurras seit 1955 IM des MfS und seit 1964 SED-Mitglied war. Kurras hatte am 2. Juni 1967 den Studenten Benno Ohnesorg am Rande einer Demonstration kaltblütig erschossen. Zum Zeitpunkt des Mordes arbeitete der Polizist für das MfS. Ein Befehl für den Mord seitens des MfS liegt aber weder vor noch erscheint ein solcher wahrscheinlich. Der «2. Juni» gilt vielen als Ausgangspunkt, der zur Radikalisierung der Studentenbewegung und zur Bildung terroristischer Gruppen führte. Manche Analytiker glauben nun, diese Geschichte müsste wegen der neuen Erkenntnisse neu geschrieben werden. Das ist abwegig.

Die «Westarbeit» von SED und MfS – so nannten sich die Aktivitäten bezogen auf die Bundesrepublik und Westeuropa – gehörte stets zu den zentralen politischen Aufgabenfeldern. Es ging dabei darum, sowohl zu spionieren als auch Einfluss auszuüben. Auch wenn einige spektakuläre Erfolge zu verzeichnen waren, auch wenn mehrere Journalisten auf zugespielte gefälschte Unterlagen hereinfielen und so unfreiwillig kommunistische Propaganda betrieben – die Bundesrepublik war zu keinem Zeitpunkt ernsthaft bedroht, die im Grundgesetz festgeschriebenen Staats- und Gesellschaftsprinzipien nie wirklich in Gefahr. Ende 1988 führte die HV A etwa 1550 Bundesbürger als IM, hinzu kamen etwa noch mal so viele, die für andere MfS-Diensteinheiten als IM arbeiteten. Hochgerechnet auf die gesamten 40 Jahre waren nach aktuellen Schätzungen etwa 12 000 Bundesbürger für das MfS tätig.

Auch wenn noch weiter über die Westarbeit von SED und MfS geforscht werden muss und hier noch viele offene Fragen zu bearbeiten sind, eines scheint doch angesichts des Geschichtsverlaufs festzustehen: von einer Unterwanderung der Bundesrepublik durch SED und MfS konnte zu keiner Zeit die Rede sein. Allerdings ist es auch mit dem Abstand von Jahrzehnten erstaunlich, wie viele Menschen in der freiheitlichen Gesellschaft die Verhältnisse in der DDR schönfärbten und wie viele sich selbst nach dem kommunistischen Paradies sehnten, obwohl sie doch vor der eigenen Haustür hätten sehen können, wohin eine solche «Diktatur des Proletariats» führt.

32. Wie viele Ausländer lebten in der DDR? Die Bevölkerungszahl der DDR schrumpfte beständig. 1950 wies die Statistik 18,4 Millionen Einwohner auf, 1989 waren es knapp zwei Millionen weniger. Die Wegzüge durch Flucht und Ausreise konnten durch die Familienpolitik nicht kompensiert werden. Der Pillenknick schlug auch in der DDR mit etwas Verspätung zu, die Geburtenzahl ging zurück. Die DDR konnte diesen Schrumpfprozess durch Zuwanderung nicht aufhalten. Es gab zu wenige Interessenten und die SED war Migranten gegenüber aus ideologischen Gründen skeptisch, ließen die sich doch kaum so maßregeln wie die eigene Bevölkerung. Bis Ende der siebziger Jahre gab es deshalb nur wenige Ausländer in der DDR. Die größte Gruppe, die bis zu 500 000 sowjetischen Soldaten und die Familien der Offiziere waren zwar allerorten sichtbar, lebten aber von der ostdeutschen Gesellschaft isoliert. Sonst gab es noch einige tausend ausländische Studierende, überwiegend aus kommunistischen Staaten bzw. aus «jungen Nationalstaaten», wobei auch hier Mitglieder kommunistischer Parteien dominierten. Durch den Arbeitskräftemangel bedingt kamen seit Ende der siebziger Jahre vermehrt «Vertragsarbeiter» aus Vietnam, Angola und Moçambique – alle mit Moskau verbündet – in die DDR. Auch sie lebten überwiegend von der ostdeutschen Gesellschaft getrennt, wurden häufig Opfer rassistischer Übergriffe, verrichteten «Drecksarbeit», erhielten schlechte Bezahlung und standen unter Kuratel sowohl der SED wie ihrer Herkunftsländer.

Anfang 1989 hielten sich in der DDR längerfristig gerade einmal 166 000 Ausländer auf, darunter nur 34 000 mit einer ständigen Aufenthaltserlaubnis. 136 000 davon kamen aus sozialistischen Staaten. Die meisten Ausländer kamen aus Vietnam (55 000), Polen (38 000),

Kuba (15 000), Ungarn (10 700), Moçambique (10 000) sowie der Sowjetunion (ohne Armee 9500). Die DDR hatte sich im doppelten Wortsinne abgeschottet: sie ließ nur ungern jemand heraus, herein aber ließ sie auch kaum jemanden.

33. Mochten die DDR-Bürger die sowjetischen «Freunde»?

Ein Ostdeutscher und ein Russe sitzen zusammen und trinken Wodka. Der Russe schmiert ein Brot und fragt: «Wollen wir es freundschaftlich teilen?» – «Nein, lieber gerecht!» Die Sowjetmenschen hießen offiziell «Freunde». Je nach Betonung und Kontext konnte die sprachliche Verwendung ernst oder ironisch oder gar ablehnend gemeint sein. Die «unverbrüchliche Freundschaft» zur Sowjetunion war eine zentrale Propagandalosung und ein wichtiges staatliches Erziehungsziel. Jedes Kind musste Russisch lernen – sprechen und lesen konnte es aber kaum jemand. Schon kleine Kinder sangen auf dem Schulhof: «Ras, dwa, tri – Russen werden wir nie». Es war eine merkwürdige Freundschaft.

Die propagierte deutsch-sowjetische Freundschaft endete am grünen Bretterzaun, also an der sowjetischen Kaserne. Die sowjetische Besatzungsarmee – durchschnittlich 500 000 Offiziere, Soldaten und Familienangehörige, die bis zu 10 Prozent des DDR-Territoriums vereinnahmten – bildete den westlichen Vorposten der Roten Armee. Es gab fast keine spontanen und unorganisierten Begegnungen zwischen sowjetischen Armeeangehörigen und DDR-Bürgern. Und an die «spontanen» Begegnungen vor 1947 – hunderttausende Vergewaltigungen waren nur die Spitze des Vergeltungsterrors – mochten die meisten Ostdeutschen nicht denken, viele blieben davon zeitlebens traumatisiert. Organisierte Kontakte gab es am ehesten über Patenverträge, aber selbst die berühmten «Regimenter nebenan» kamen über Scheinbeziehungen zu sowjetischen Kasernen kaum hinaus. Die deutsch-sowjetische Freundschaft blieb eine hohle Phrase. Man scheute den Kontakt auch deswegen, weil die sowjetischen Verantwortlichen eine Westernisierung ihrer Truppe befürchteten. Der einfache Soldat kam ohnehin nicht in die Verlegenheit, Kontakte außerhalb der Kaserne aufzubauen. Er musste buchstäblich den Alltag im Inneren überleben und konnte froh sein, wenn er während seiner drei- bzw. zweijährigen Pflichtzeit einmal die Sehenswürdigkeiten Dresdens oder Potsdams zu Gesicht bekam.

Sporadische Kontakte zwischen Armeeangehörigen und Ostdeutschen gab es natürlich. Es existierte eine Form der informellen Begegnung, die in den fünfziger Jahren begann, aber erst ab den siebziger Jahren eine regelrechte wirtschaftspolitische Bedeutung erhielt. Es handelte sich um informelle Handelsbeziehungen zwischen örtlicher ostdeutscher Wirtschaft/Landwirtschaft und regionalen sowjetischen Armeeeinheiten. Der Ortskommandant stellte etwa Arbeitskräfte (Soldaten) ab oder übergab die gewünschte Menge an Kraftstoff, der in der DDR ab Mitte der siebziger Jahre meist knapp war. Im Gegenzug stellte der LPG-Vorsitzende oder Betriebsdirektor dringend benötigte Lebensmittel zur Verfügung, übergab auch schon mal Antiquitäten oder überreichte schlicht Bargeld.

Angesichts des Aufenthalts von durchschnittlich einer halben Million Sowjetbürgern auf dem Gebiet der DDR ist es nicht verwunderlich, dass auch von diesen Straftaten, schwere Verkehrsunfälle und andere «Vorkommnisse» verursacht wurden. Ein besonderes Kapitel bildete der fahrlässige Umgang mit Munition und Waffen. Erwachsene und auch Kinder, die sich zu nahe an Sperrgebiete und Militärobjekte herangewagt hatten, wurden mehrfach von schießwütigen Posten tödlich getroffen. Noch gefährlicher waren die allerorten unachtsam «abgelegten» Waffen und Munitionsteile. Schon seit den fünfziger Jahren wurde immer wieder beklagt, dass Soldaten und Offiziere Waffen und Munition deutschen Bürgern zum Kauf oder Tausch anboten. Diese Art von Waffenhandel verursachte bei den SED-Funktionären panikartige Reaktionen. 1981 koste auf dem Schwarzmarkt eine «Kalaschnikow» mit Munition 300 Mark. Einige Jahre später waren die Marktpreise gestiegen. Eine Pistole «Makarow» kostete 1000 Mark. Auch TNT-Sprengstoff und anderes war zu haben. Ebenfalls schwer schlug die katastrophale Umweltverschmutzung durch die Sowjetarmee zu Buche. Die Rekultivierung verseuchter Böden kostete nach 1990 viele Milliarden. Die «Freunde» machten offiziell aber alles richtig. Dass es unter der Oberfläche brodelte, war jedoch kein Geheimnis. Immer wieder kam es auch zu gewalttätigen Übergriffen von DDR-Bürgern auf Sowjetsoldaten. Eine verbreitete Forderung, die sich ganz oft gegen das SED-Regime selbst wandte, lautete: «Russen raus».

34. Gab es eine deutsch-polnische Freundschaft? Mit dem «Görlitzer Vertrag» vom 6. Juli 1950 zwischen der DDR und Polen erkannte die SED-Führung die neue Westgrenze Polens an. Er bot die Chance zu einer guten Nachbarschaft. Richtige Freunde sind Polen und Ostdeutsche aber nie geworden. Polen war zwar in den Ostblock wirtschaftspolitisch und militärisch fest eingebunden, aber die DDR spielte für das Land nur eine untergeordnete Rolle. Entweder man orientierte sich an Moskau oder aber man war an guten Beziehungen zu Bonn, Paris und London interessiert. Die DDR galt nur als Anhängsel Moskaus. Für die meisten Polen war die DDR unattraktiv, weil sie ihnen zu preußisch, zu militärisch und intellektuell zu langweilig und eintönig erschien.

Umgekehrt blieben antipolnische und antislawische Ressentiments in der DDR-Bevölkerung lebendig. Das hat die SED zu nutzen gewusst, etwa als sie 1956, 1968, 1970 oder 1980/81 gegen die «polnischen Verhältnisse» wetterte und dabei überkommene Stereotypen wie «die Polen sollen lieber arbeiten als streiken» bediente. Zudem zog sie scharf über die Katholische Kirche Polens her, was sich 1978 nach der Wahl von Kardinal Karol Wojtyła zum Papst Johannes Paul II. noch erheblich verstärkte. Wenn die SED-Führung vor «polnischen Verhältnissen» warnte, bediente sie unsägliche Vorurteile wie «arbeitsscheu», «faul», «unordentlich» oder «langsam», was bei vielen DDR-Menschen auf fruchtbaren Boden fiel. In regimekritischen Kreisen hingegen ist der Freiheitsdrang der Polen gewürdigt und zum Vorbild genommen worden. In den siebziger und achtziger Jahren orientierte sich viele Oppositionelle an der polnischen Widerstandsbewegung und zeigten sich von deren Diskussionsniveau und Organisationsvermögen begeistert.

Noch im Herbst 1989 versuchte die SED-Spitze antipolnische Ressentiments wachzurufen, um ihre Macht zu stabilisieren. Die Modrow-Regierung beschloss am 23. November 1989, dass eine Vielzahl von Konsumgütern nur noch gegen Vorlage des DDR-Personalausweises verkauft werden dürfe. Dies diente dem Ziel, gegen «Spekulanten und Schmuggler» vorzugehen. Nicht die SED also war verantwortlich für die katastrophale Versorgungslage, sondern die polnischen Nachbarn. Wochenlang schürten die Medien im Auftrag der SED einen regelrechten Polen-Hass. Nur die Bürgerrechtsbewegung protestierte damals dagegen.

35. Warum kam Honecker nie ins Weiße Haus oder in Downing Street No. 10?

Die internationale Anerkennung der DDR brachte es mit sich, dass Partei- und Staatschef Erich Honecker auf dem internationalen Parkett mitspielen wollte. Seinen größten Auftritt genoss er im Sommer 1975 in Helsinki. Honecker unterzeichnete die KSZE-Schlussakte, dabei saß er zwischen Bundeskanzler Helmut Schmidt und US-Präsident Gerald Ford. Insgesamt besuchte er offiziell 38 Staaten. Im November 1980 fuhr er erstmals zu einem offiziellen Staatsbesuch in ein westliches Land – nach Österreich. Staatsbesuche führten ihn auch nach Japan, Finnland, Italien und in den Vatikan, nach Griechenland, Schweden, Belgien, Frankreich, Spanien, in die Niederlande und in die Bundesrepublik.

Zwei Ziele erreichte Honecker nicht. Weder die britische Regierung nebst Königin noch ein US-Präsident konnten sich bis 1989 durchringen, ihn zu empfangen. Die Briten sahen in nächster Zeit nicht die «slightest chance» für «the wall coming down». Wirtschaftlich war die DDR für die großen westlichen Staaten mit der besonderen Ausnahme der Bundesrepublik uninteressant. Die USA beharrten außerdem auf Wiedergutmachungsleistungen für die Opfer des Holocaust. Die SED-Führung lehnte dies nicht nur ab, sie hätte es auch finanziell nicht leisten können. In Großbritannien wie den USA gab es keine Lobby für das SED-Regime. Die Zahl der Kommunisten war in beiden Staaten so übersichtlich, dass fast jeder jeden kannte. In Frankreich wiederum wurde Honecker nur stellvertretend empfangen: Paris demonstrierte mit diesem Besuch außenpolitische Eigenständigkeit gegenüber Bonn und Westeuropa. Honecker musste sich aber zugleich deutliche Worte über die Unmenschlichkeit der Berliner Mauer gefallen lassen.

Die Supermächte interessierte nicht sonderlich, was Ost-Berlin zu verkünden hatte. Honecker als Politiker und die DDR als Satellit Moskaus eigneten sich weder als Unterhändler noch als Schlichter und schon gar nicht als Wortführer welcher Richtung auch immer. US-Präsident Ronald Reagan verdeutlichte dies am 12. Juni 1987 in West-Berlin. Er hielt eine Rede direkt am Brandenburger Tor. Die berühmteste Passage daraus lautete: «Generalsekretär Gorbatschow, wenn Sie nach Frieden streben – wenn Sie Wohlstand für die Sowjetunion und für Osteuropa wünschen – wenn Sie die Liberalisierung wünschen, dann kommen Sie hierher zu diesem Tor. Herr Gorbatschow, öffnen Sie dieses Tor. Herr Gorbatschow, reißen Sie diese

Mauer nieder.» Reagan stand an der Mauer auf Westberliner Seite und appellierte an Gorbatschow, nicht an Honecker, die SED-Führung oder die DDR-Regierung. Seine Aufforderung etwas zu verändern, ging über die Köpfe der Vasallen hinweg.

36. Was bedeutete «antiimperialistische Solidarität»?

Eine «sozialistische Persönlichkeit» hatte «antiimperialistische Solidarität» zu üben. Man sollte sich solidarisch mit Befreiungsbewegungen zeigen, allerdings nur mit jenen, die versprachen, auf sozialistischem Kurs zu liegen. «Antiimperialistische Solidarität» hieß auch, sich für fast alle Geknechteten und Unterdrückten der Welt zu engagieren. Das wurde eingeschränkt auf diejenigen, die unter dem Kapitalismus und Kolonialismus, unter dem US-Imperialismus litten. Zeigte man sich solidarisch mit Verfolgten in kommunistischen Staaten, war man ein Konterrevolutionär, mit dem sich die sozialistische Justiz befasste. «Antiimperialistische Solidarität» war letztlich eine Leerformel, in die die SED hineininterpretierte, was ihr gerade politisch-ideologisch genehm war. Es war ein Kampfmittel gegen den Westen. In der Praxis des Ideologiestaates erwies es sich als eine Überwachungsform: Wer die verlangten Ergebenheitsadressen nicht lieferte, machte sich verdächtig und lief Gefahr, überwacht und gegebenenfalls bestraft, drangsaliert, am beruflichen Fortkommen gehindert und verfolgt zu werden.

Die «antiimperialistische Solidarität» organisierte in der DDR nur die SED. Die in der Opposition und im Umkreis der Kirchen arbeitenden «Dritte-Welt-Gruppen» zum Beispiel galten als «Feindgruppen» schon allein deshalb, weil sie unabhängig zu arbeiten versuchten. Die «antiimperialistische Solidarität» der SED war auch deshalb verlogen, weil ein DDR-Bürger in eigener Verantwortung keine Solidarität üben konnte – und schon gar nicht «vor Ort».

In allen Parteien und Massenorganisationen zahlten die Mitglieder nicht nur Mitgliedsbeiträge, sondern auch «Solidaritätsbeiträge». Was die SED mit diesen Millionen anfing, blieb weithin geheim. In Nicaragua ist das Krankenhaus «Karl Marx» erbaut worden, viele junge Menschen aus Vietnam, Angola oder Moçambique erlernten in der DDR einen Beruf oder studierten hier. Aber dabei blieb es nicht. Das Geld diente auch militärischen Zwecken, damit sind z. B. Waffen finanziert worden. Außerdem betrieb die DDR illegalen Waffenhandel. Das MfS leistete eine besondere Form der Solidaritätshilfe: es bildete zum Beispiel äthiopische Geheimpolizisten aus, die dann noch perfekter folterten und mordeten. Auch so mancher NVA-Offizier bewegte sich außerhalb Europas, um «der Sache» zu dienen. Solche Vorgänge blieben streng geheim und sind zum Teil bis heute nicht aufgeklärt. Schließlich sind die «Solidaritätsbeiträge» auch für innenpolitische, kostenintensive Masseninszenierungen missbraucht worden. 1989 flossen etwa Dutzende Millionen «Soligelder» in das «FDJ-Pfingstfestival».

Wirtschafts- und Sozialpolitik

37. Hatte die DDR wirtschaftlich überhaupt eine Chance? Die Ausgangsbedingungen waren nicht optimal – der Krieg hatte das Land verwüstet, die sowjetische Besatzungsmacht mit Demontagen und Reparationen ihre Zone erheblich ausgebeutet, die permanente Fluchtwelle zog hunderttausende Arbeitskräfte ab. Aber zugleich standen Millionen hochmotivierte und gut ausgebildete Fachkräfte zur Verfügung. Die Wirtschaft erholte sich langsam. Als größter Hemmschuh der Entwicklung erwies sich die kommunistische Politikpraxis: ideologische Vorgaben und theoretische Annahmen standen in einem ständigen Konflikt mit ökonomischen Erfordernissen. Fast immer ist zugunsten der Ideologie und zulasten der Ökonomie entschieden worden.

Bis Mitte der fünfziger Jahre wurde in der DDR eine Zentralverwaltungswirtschaft nach sowjetischem Vorbild etabliert, die fest in das osteuropäische Wirtschaftssystem einbezogen war. Der Anteil der Volkseigenen Betriebe (VEB) wuchs ständig. Mitte 1949 gab es knapp 1800, 1950 zählte man schon insgesamt 5000. 1953 arbeiteten in ihnen 1,7 Millionen Beschäftigte, doppelt so viele wie noch 1950. Die wichtigsten Schwerpunktbetriebe unterstellte die SED-Führung 1951 direkt den zuständigen Fachministerien, 1953 sogar dem SED-Zentralkomitee direkt. Zwar existierten 1955 noch über 13 000 Privatbetriebe, doch in diesen arbeiteten weniger als eine halbe Million Beschäftigte, die etwa 13 Prozent zur Gesamtbruttoproduktion beisteuerten. Auch der Großhandel ging fast völlig auf den Staat über. Dies hatte Folgen für den privaten Einzelhandel: Während er 1950 noch 55 Prozent des Umsatzes erzielte, sank dieser Anteil bis 1955 auf weniger als ein Drittel. Das Handwerk dagegen arbeitete bis 1955 im Wesentlichen auf privater Grundlage.

1958 und 1959 konnten erhebliche Produktionsfortschritte verzeichnet werden. Die industrielle Bruttoproduktion stieg gegenüber dem Vorjahr um 11 bzw. 12 Prozent. Optimistisch verkündete Ulbricht im Juli 1958 auf dem V. SED-Parteitag, dass die DDR bis 1961 den Lebensstandard der Bundesrepublik übertreffen werde. Doch er sollte sich irren. Die ökonomische Entwicklung mündete bereits 1960 in einer schweren Krise. Dafür war die anvisierte «Vollendung der sozialistischen Produktionsverhältnisse» verantwortlich, d. h.

eine weitere Verstaatlichung von Betrieben. Zur letzten Enteignungs- und Verstaatlichungswelle kam es 1972.

Das Ziel, die Bundesrepublik im Pro-Kopf-Verbrauch und der Arbeitsproduktivität «einzuholen und zu überholen», blieb unerfüllbar. Das Streben der SED-Führung nach wirtschaftlicher Unabhängigkeit vom Westen führte zur kostspieligen Förderung der Grundstoff- und Schwerindustrie in der DDR. Dies minderte die Effizienz der Wirtschaft und band erhebliche Mittel, die für Investitionen in anderen Bereichen fehlten. Die Gesamtverschuldung der DDR betrug Ende 1960 bereits 472 Millionen und Ende 1961 670 Millionen Valutamark. Der Mauerbau brachte dann auch die DDR-Wirtschaft in eine völlig veränderte Situation. Im Juni 1963 wurde das «Neue Ökonomische System der Planung und Leitung der Volkswirtschaft» (NÖSPL) verkündet. Es ging um eine größere Eigenverantwortlichkeit der Betriebe, um bessere Effizienz und größere Flexibilität sowie die schnelle Überführung moderner wissenschaftlicher Erkenntnisse in die Praxis. Kernstück war eine Industriepreisreform, um ein realistisches Preisverhältnis zwischen Rohstoffen, Halbfabrikaten und Endprodukten zu erzielen. Die Arbeitsproduktivität sollte gesteigert werden, um das Lebensniveau zu erhöhen. In der Realität aber war es nicht möglich, das Subventionssystem abzuschaffen, ohne die Lebenshaltungskosten erheblich zu steigern. Dies war politisch nicht gewünscht, weil die innere Stabilität der DDR damit gefährdet schien.

Die sechziger Jahre waren die einzige Phase in der DDR-Wirtschaftsgeschichte, in der versucht worden ist, das starre System der ideologisch dominierten Planwirtschaft aufzuweichen. Nach der Niederschlagung des «Prager Frühlings» beendete die SED aus machtpolitischen Gründen die kurze und vorsichtige Reformphase. Wirtschaftsgeschichtlich manövrierte sie sich damit erneut in eine Sackgasse, aus der sie bis zum Untergang der DDR nicht mehr herauskam und so selbst unfreiwillig zum Zusammenbruch beitrug. Die sozialistische Planwirtschaft erwies sich als investitions- und innovationsfeindlich, konnte nie rasch auf aktuelle Herausforderungen reagieren, blieb letztlich von Anfang bis zum bitteren Ende ideologiefixiert und bremste so auch Engagement, Ideen und Verantwortungsübernahme vieler aus.

38. Gab es soziale Ungleichheit? Die Kommunisten waren nach 1945 mit dem Versprechen angetreten, «soziale Ungleichheit» zu beseitigen und bislang bildungsfernen Schichten den Zugang zu Universitäten und Hochschulen zu ermöglichen. Anfang der fünfziger Jahre setzte sich die Studentenschaft zu rund 50 Prozent aus Arbeiter- und Bauernkindern zusammen. Dieser Anteil war Anfang der sechziger Jahre bereits auf rund ein Drittel geschrumpft und erreichte in den achtziger Jahren nicht einmal mehr 10 Prozent. Damit lag er deutlich unter den Werten westlicher Industrieländer. War anfangs die DDR tatsächlich von einer großen sozialen Mobilität gekennzeichnet – die Karriereschleusen standen weit offen –, so ging diese in den sechziger Jahren zurück und versiegte ab Mitte der siebziger Jahre fast vollkommen. Die Intelligenz rekrutierte sich wieder aus sich selbst.

Ausschlaggebend sowohl für den Mobilitätsschub als auch für die Mobilitätsbremse waren politisch-ideologische Gründe. Anfangs rekrutierte die SED die Hochschulkader aus der Arbeiterschaft, um, wie es hieß, das «bürgerliche Bildungsprivileg» zu brechen. Der neue Staat benötigte eine neue Intelligenz, die sich, wie es die Klassiker des Marxismus-Leninismus vorhergesagt hatten, aus der Arbeiterschaft bilden sollte. Die Zerschlagung des Bildungsbürgertums – wie des Wirtschaftsbürgertums – nahm die Partei mit allen gesellschaftlichen Folgen nicht nur billigend in Kauf, sondern sah darin sogar eine Grundvoraussetzung für den Erfolg ihres Gesellschaftsexperiments.

In den siebziger und achtziger Jahren war die DDR eine extrem immobile Gesellschaft. Die Karriereschleusen im Funktionärsapparat wie in Wirtschaft und Wissenschaft waren durch die Aufsteiger aus den fünfziger und sechziger Jahren verstopft und die Mauer verhinderte, dass junge Leute Erfahrungen im Ausland sammeln konnten, um dann mit neuen Einsichten und Ansichten in der DDR Karriere machen zu können. Die Berufsbiographien der Funktions- und Wissenseliten unterschieden sich kaum noch voneinander. Lediglich die Kirchen konnten hier Alternativen aufweisen.

Neben der sozialen Immobilität herrschte zugleich eine erhebliche soziale Ungleichheit, über die allerdings nicht gesprochen werden durfte. Rentner etwa gehörten zu den sozial Abgehängten. Auch Menschen mit körperlichen oder geistigen Beeinträchtigungen sind schäbig behandelt worden. Sozial privilegiert wiederum waren Funktionäre, aber auch anerkannte Künstler oder Wissenschaftler. Es existierte ein unsichtbares Privilegiensystem, das von sozialer Versorgung über medizinische Leistungen bis hin zu Gehältern, Renten, Freizeit-, Wohn- oder Konsummöglichkeiten vieles umfasste, was kaum jemand im Gesamtzusammenhang detailliert kannte, das aber wiederum durch einzelne Details bekannt genug war, um immer wieder die Wut vieler Menschen auf die Privilegien der «Bonzen» zu entfachen. Der SED-Staat war weit entfernt von seinem selbst gesteckten Ziel, eine sozial gerechte Gesellschaft zu errichten.

39. Gab es Arbeitslose?

1950 gab es 325400 registrierte Arbeitslose, 1951 243351 und 1952 noch 107162. 1955 hatte sich die Zahl auf 43643 weiter verringert. Überwiegend handelte es sich dabei um Frauen sowie Jugendliche unter 18 Jahren, die zumeist schlecht oder gar nicht ausgebildet waren. Männer waren fast von Anfang an zu 100 Prozent beschäftigt. An Facharbeitern mangelte es allerorten. Vor allem durch den Ausbau der Schwerindustrie sank die Arbeitslosenrate. Das weitgehende Fehlen von Arbeitslosigkeit war ab Mitte der fünfziger Jahre eine der sozialen Stärken der SED-Diktatur. Allerdings galt faktische Arbeitspflicht, d. h. wer keiner sozialversicherten Arbeit nachging, machte sich als «Asozialer» verdächtig und konnte dafür strafrechtlich belangt werden. Als Strafen standen Haftarbeitslager, Erziehungslager, Jugendwerkhöfe oder Gefängnisse in Aussicht. Dennoch haben Unangepasste Mittel und Wege gefunden, längere Zeit ohne förmliche Arbeitsverträge zu leben.

Die Kosten für die Beseitigung der Arbeitslosigkeit waren immens. Nicht zuletzt sie führten zu einer unrentablen und ineffizienten Wirtschaft. Allerdings ist nicht die Beseitigung der Arbeitslosigkeit zu kritisieren, sondern die Art und Weise wie dies erreicht wurde. Denn viele Betriebe beschäftigten mehr Mitarbeiter als sie eigentlich brauchten. Die meisten Menschen kannten aus eigener Anschauung Stillstandszeiten. Es fehlte immer wieder an Aufträgen, an Rohstoffen, an Ersatzteilen, an vielen Kleinigkeiten, weshalb Arbeiter nicht selten wie «Arbeiterdenkmäler» bewegungslos herumstanden. Hunderttausende Menschen hatten zwar einen Arbeitsplatz, konnten aber kaum sinnvolle Arbeit verrichten. Umso irritierender war es, dass es offiziell in der DDR permanent an Arbeitskräften fehlte. Die mangelnde Intensivierung der Produktion, hervorgerufen durch eine fehlgeleitete Investitionspolitik, sollte oftmals durch extensive Produktionsformen kompensiert werden, was automatisch zur «planmäßigen» Nachfrage nach Arbeitskräften führte. Ein Teufelskreislauf, den das System selbst hervorgerufen hatte und den zu verlassen die SED-Ideologen sich nicht bereit zeigten.

40. Was gab es auf dem Schwarzmarkt? In der DDR mangelte es nicht nur an Freiheit. In den fünfziger Jahren fehlte es fast an allem. Die sechziger Jahre waren zwar von einem bescheidenen Modernisierungsschub gekennzeichnet, der Alltag etwa wurde durch die Technisierung der Haushalte einfacher und durch die Senkung der Arbeitszeit gab es mehr Raum für Freizeit. Ab Ende der siebziger Jahre stagnierte die Entwicklung und die Menschen erlebten den Stillstand in den achtziger Jahren als Rückschritt. Der Abstand zur Bundesrepublik wuchs Jahr um Jahr. Warteschlangen vor Geschäften gehörten zum Alltag. Es gab praktisch außer Grundnahrungsmitteln, Alkohohl und Tabak nichts, was nicht zeitweise oder ständig zur «Mangelware» oder «Bückware» zählte. «Bückware» nannte der Volksmund all jene Konsumgüter, die knapp und nie ausreichend vorhanden waren, die deshalb die Verkäufer «unterm Ladentisch» für Freunde und Bekannte bereit hielten oder aber nur im Tausch gegen andere «Mangelwaren» bzw. gegen Westgeld herausrückten.

Dass viele Menschen dennoch gut versorgt waren, hatte zwei Gründe. Die privaten Einfuhren von Konsumgütern aus der Bundesrepublik nahmen gigantische Ausmaße an. Und zugleich existierten stets inoffizielle Tauschmärkte, auf denen alles zu haben war, was das Herz begehrte. Bezahlt wurde mit Westgeld, mit horrenden Summen in DDR-Geld oder aber die Ware wurde gegen andere begehrte Dinge getauscht. Außerdem sind Konsumgüter (wie auch DM) angeboten worden, um damit handwerkliche Arbeiten zu bezahlen. Für diese unzähligen lokalen und überregionalen Schwarzmärkte gab es keine Annoncen oder Flugblätter, aber praktisch jeder hatte Zugang zu ihnen, jeder kannte sie und praktisch jeder trat als Käufer oder Verkäufer auf. Immer wieder wurden in Tageszeitungen verklausulierte Inserate aufgegeben, die die Menschen zu deuten wussten. Bot etwa jemand für ein Kilogramm Kupfer sieben Kilogramm Aluminium, so wusste fast jeder, dass hier jemand Westgeld suchte und für eine DM sieben DDR-Mark zu geben bereit war. Suchte jemand einen Gegenstand und bot dafür «blaue Fliesen», so konnte dies bedeuten, dass er tatsächlich die begehrten Fliesen besaß oder aber mit DM bezahlen konnte (eine «blaue Fliese» = 100 DM). Der Schwarzmarkt in der DDR war unglaublich bunt, vielgliedrig und von der SED zwar stets kritisch beäugt, aber weitgehend geduldet, weil er letztlich mit dafür sorgte, dass die Menschen auf verschlungenen und zeitraubenden Wegen ihre materiellen Bedürfnisse mehr schlecht als recht stillen konnten. Private «Importe» aus dem Westen, die jährlich ein Milliardenvolumen erreichten, trugen dazu bei, dass die ostdeutsche Gesellschaft nicht schon vorher zusammenbrach. Ende der achtziger Jahre soll die private Einfuhr und der damit zusammenhängende «zweite Markt» das Angebot im offiziellen Handel übertroffen haben. Zugleich beförderte dies die Unzufriedenheit und die Sehnsucht nach dem «richtigen» Westen auch im Osten.

41. Konnte man in der DDR mit der DM bezahlen? In der DDR schien fast alles erstrebenswert, was nach Bundesrepublik roch, aussah, oder schmeckte. Nichts, was aus dem Westen kam, wurde weggeschmissen. Viele Menschen sammelten leere Bierdosen, leere tictac-Schachteln, Aufkleber, längst veraltete Illustrierte, eigentlich alles, was es in der DDR offiziell nicht gab.

Zur inoffiziell zweiten Währung avancierte die DM. Hatte man Westgeld, war praktisch alles zu haben. In den achtziger Jahren konnten es sich Handwerker erlauben, ihre Dienste angesichts der großen Nachfrage nur gegen Westgeld anzubieten. Demzufolge stieg auch der Wert der DM ständig. War es Anfang der achtziger Jahre üblich, illegal für eine DM vier Ostmark zu bekommen, so waren 1988/89 Umtauschsätze von 1:7 oder 1:8 nicht unüblich. Es existierte eine private Schattenwirtschaft, die von der DM dominiert wurde. Viele sprachen deshalb von einer Zweiklassengesellschaft: die eine Klasse verfüge über Westgeld, die andere nicht. Das hat zu erheblicher Unruhe bei denen geführt, die kein Westgeld besaßen. Im Umlauf waren Ende der achtziger Jahre hunderte Millionen DM. Dabei hatte die SED-Führung die Nebenwährung mit der Errichtung von Intershops selbst befördert. Hier gab es Westwaren gegen Westgeld. Ursprünglich 1962 für westliche Besucher errichtet, um so an deren Geld heranzukommen, wurden Intershops auch für DDR-Menschen die attraktivste Einkaufsmöglichkeit. Seit 1974 war es ihnen nicht mehr verboten, Westgeld zu besitzen. 1979 sind «Forumschecks» eingeführt worden. DDR-Bürger konnten offiziell in den fast 400 Intershops nun nur noch mit diesem Ersatzgeld einkaufen. Zuvor mussten sie die DM bei der Staatsbank in Forumschecks (1:1) umtauschen. Daraus entwickelte sich der beliebte Handwerkerspruch: «Forum geht's?», womit gleich die Art der erwarteten Bezahlung angesprochen war.

42. Machte das Gesundheitssystem krank? Die Lebenserwartung nahm seit Beginn der achtziger Jahre entgegen einem internationalen Trend leicht ab. Im Vergleich zur Bundesrepublik gab es eine 4,6-mal höhere Sterberate bei an sich heilbaren Krankheiten. Diagnostik und Therapie blieben, materiell bedingt und wegen schlechter Forschungsmöglichkeiten, im internationalen Vergleich zurück. Hinzu kam, dass nicht zuletzt in der Berufsgruppe des medizinischen Personals der prozentuale Anteil von Flüchtlingen und Ausreiseantragstellern besonders hoch war.

Das betriebliche Gesundheitswesen war zumindest theoretisch auf die unmittelbaren Bedürfnisse der jeweiligen Arbeiter und Angestellten eingestellt. Ebenso umfassend war die Betreuung von Schwangeren, jungen Müttern, Säuglingen und Kindern. Das dichte Netz vorsorgender medizinischer Betreuung und prophylaktischer Behandlungen erscheint vorbildlich, hätte es da nicht auch die Schattenseite gegeben, dass die Nichtannahme dieser Betreuungs- und Vorsorgeangebote mit Sanktionen geahndet worden wäre. Die Vorbeugung war ein Teil des vormundschaftlichen Systems.

Der SED-Führung blieben die Mängel im Gesundheitswesen nicht verborgen. Ende der achtziger Jahre häuften sich die negativen Berichte. Krankenhausbetten konnten nicht belegt werden, weil medizinisches Personal fehlte, teilweise konnte nur knapp die Hälfte der benötigten Planstellen besetzt werden. Aufgrund der maroden Zustände mussten oftmals Gebäudeteile von Krankenhäusern gesperrt werden. Weil Heimplätze fehlten, sind viele Klinikbetten mit Pflegefällen belegt worden. Auch die Arzneimittelherstellung konnte mit internationalen Entwicklungen und Standards nicht mithalten. Es fehlten viele lebenserhaltende Mittel, aber auch andere medizinische Materialien waren nicht annähernd in ausreichender Menge vorhanden. Das erzürnte nicht nur das medizinische Personal, sondern auch breite Bevölkerungskreise, denen dies natürlich nicht verborgen blieb. Mitte Dezember 1988 bezeichnete selbst Erich Honecker intern diese Verhältnisse als einen «Skandal»: «Das hätte ich nie für möglich gehalten.»

Besonders schäbig ging der SED-Staat mit pflegebedürftigen alten Menschen und mit körperlich oder geistig Beeinträchtigten um. Die Einrichtungen der Diakonie, der Caritas und andere kirchliche Institutionen verhinderten zwar, dass das Sozialsystem völlig zusammenbrach – fast 50 Prozent aller Plätze für die Rehabilitation Schwerstbehinderter befanden sich in kirchlichen Einrichtungen, etwa 5 Prozent der Krankenhausbetten und 8 Prozent der Alters- und Pflegeheimplätze ebenso – aber die Misere konnten auch sie nicht beseitigen, zumal sie trotz großzügiger westlicher Unterstützung unter ähnlichen materiellen und personellen Problemen litten wie die staatlichen Einrichtungen. Das Gesundheitswesen in der DDR spiegelte den gesellschaftlichen Zustand. Es war nie sonderlich modern. Es funktionierte meist, nur wenn man ernsthaft erkrankte, wurde es kritisch.

43. Waren Frauen emanzipiert? Der 8. März – der internationale Frauentag – war im ansehnlich gefüllten DDR-Festtagskalender ein ganz besonderer. In den Betrieben feierten an diesem Tag die Frauen mit ihren meist männlichen Chefs. Abends sah man ungewohnte Bilder: lustige, manchmal auch torkelnde Frauengruppen strömten durch die Straßen und gingen nach Hause, wo ihre Ehemänner mal ausnahmsweise den Laden geschmissen hatten. Die Kinder lagen irgendwie im Bett, satt waren sie, weil Mutti nicht vergessen hatte, das Abendbrot vorzubereiten. Vati war ziemlich erschöpft, aber er hatte nicht alles ganz geschafft, so dass Mutti am nächsten Tag noch ein bisschen mehr Hausarbeit klaglos zu erledigen hatte als sonst. In der DDR hatte sich für die Frauen eigentlich nicht viel geändert, obwohl eine ganze Menge anders geworden war.

Die Kommunisten waren nach Kriegsende mit dem Versprechen angetreten, in ihrem Herrschaftsbereich eine politische, soziale, kulturelle und wirtschaftliche Gleichstellung der Geschlechter herbeizuführen. Ungeachtet tradierter gesellschaftlicher und mentaler Hemmnisse, die diesem Anspruch entgegenstanden, war die Geschlechterpolitik (Frauenpolitik) der SED daran ausgerichtet, Frauen in den wirtschaftlichen Produktionsprozess einzugliedern und ihnen durch eine entsprechende staatliche und betriebliche Sozialpolitik die faktische Dreifachbelastung von Arbeit, gesellschaftlicher Tätigkeit und Familie zu erleichtern. Real blieben die Frauen benachteiligt: im Lohngefüge, im politischen und sozialen Aufstieg, in der innerfamiliären Arbeitsteilung. Verändert hatte sich der Beschäftigungsgrad von Frauen. Die Männer zeigten sich davon ungerührt und beharrten überwiegend auf den traditionellen Familienrollen.

Programmatisch konnte die SED in den fünfziger Jahren keine zielgerichtete, an emanzipatorischen Ansprüchen orientierte Frauenpolitik vorweisen. Es existierte durch den kriegsbedingten Frauenüberschuss eine Zwangssituation, die zur stärkeren Einbindung der Frauen drängte, ohne dass dabei tradierte Rollenmuster oder antiemanzipatorische Grundstrukturen überwunden worden wären. Frauenpolitik bildete einen Teil der Wirtschaftspolitik. Sie war patriarchalisch geprägt, weil sie die Frauen mit Mutterschutzgesetzen und anderen sozialpolitischen Vergünstigungen nicht ihrer tradierten gesellschaftlichen Rolle entledigte, sondern sie für den Produktionsprozess lediglich stärken und schützen sollte, um die gesellschaftlich dringend benötigte weibliche Arbeitskraft abzuschöpfen.

Die SED-Führung bemühte sich erst ab Anfang der sechziger Jahre, Frauen stärker in höher qualifizierte Arbeitsprozesse einzubinden. Frauenpolitik blieb aber eine patriarchalisch geprägte Sozialpolitik. In höheren Positionen waren Frauen ebenso unterrepräsentiert wie sie weiterhin hauptverantwortlich für das Funktionieren des alltäglichen Familienlebens blieben. Durch die hohe Berufsquote der Frauen standen sie aber zumindest wirtschaftlich auf eigenen Beinen. Bedingt durch die Sozialpolitik in der Honecker-Ära – günstige Ehekredite und Darlehen für Familien unter 25 Jahren, die finanzielle Förderung von Kindern oder die bevorzugte Bereitstellung von Wohnraum für junge Ehepaare – bekamen Frauen in der DDR nicht nur sehr jung Kinder, auch Eheschließungen erfolgten durchschnittlich sehr früh, was zur Folge hatte, dass die Scheidungsquote entsprechend hoch ausfiel. Auch dass seit 1972 in der DDR die Fristenregelung für Abtreibungen galt und diese praktisch ohne Sanktionen und Beratungen in den ersten drei Schwangerschaftsmonaten möglich war, trug zum Selbstbewusstsein vieler Frauen bei. Sie konnten in einem hohen Maß über ihren Körper selbst bestimmen, waren wirtschaftlich unabhängig, und eine Scheidung war weder teuer noch kompliziert. Das änderte aber nichts an der traditionellen Rolle der Frau: der Staat war auf Männer orientiert, die Gesellschaft blieb patriarchalisch und lediglich wenige Frauen begannen in den siebziger und achtziger Jahren in kleinen, argwöhnisch von der SED beobachteten Zirkeln über Emanzipation und Feminismus nachzudenken. Ein Staat, dessen Kennzeichen die prinzipielle Unterdrückung von Emanzipation und Partizipation ist, kann auch die Gleichberechtigung der Geschlechter nicht verwirklichen.

44. Warum waren die Felder in der DDR so groß?

Reisende wunderten sich seit den sechziger Jahren immer wieder darüber, dass die Felder in der kleinen DDR unendlich groß schienen. Die SED war darauf offenbar sehr stolz, denn unentwegt – mindestens gefühlt – konnten Fernsehzuschauer Mähdrescher dabei beobachten, wie sie das Korn von den riesigen Feldern einholten. Dabei waren die deutschen Kommunisten eigentlich mit dem Versprechen angetreten, große Besitztümer zu zerschlagen und den eigentlichen Wirten auch ihre Parzellen zu überlassen.

Im «Potsdamer Abkommen» war 1945 eine Bodenreform zur Enteignung von «Kriegsverbrechern» und führenden NSDAP-Funktionären von den Alliierten für ganz Deutschland vereinbart worden. In den Westzonen gab es Ansätze zur Bodenreform, die aber kaum verwirklicht und schließlich 1949 aufgegeben wurden. Lediglich Enteignungen einzelner überführter Kriegsverbrecher fanden statt. Im September 1945 ist dagegen von allen Parteien in der SBZ die entschädigungslose Enteignung beschlossen worden. Die Bodenreform stand unter der Losung «Junkerland in Bauernhand» auch dort, wo es gar keine Junker gab. Sie fand hohe Akzeptanz. Insgesamt wurden 7160 landwirtschaftliche Betriebe mit über 100 Hektar Nutzfläche enteignet. Deren Gesamtfläche von 2,5 Millionen Hektar bildete mit 76 Prozent den entscheidenden Beitrag zum Bodenfonds, der insgesamt ca. 3,3 Millionen Hektar umfasste. Weitere etwa 132 000 Hektar stammten aus der Enteignung von 4537 Betrieben unter 100 Hektar, die sich im Besitz von Kriegsverbrechern und NSDAP-Aktivisten befunden hatten. 649 000 Hektar kamen schließlich aus dem Besitz der nationalsozialistischen Partei selber.

1,1 Millionen Hektar des Bodenfonds sind sofort verstaatlicht worden, den Rest erhielten etwa 560 000 Einzel- und Neubauern. Bis Anfang 1949 wurden so über 209 000 Neubauernstellen geschaffen. Eine Parzelle wies durchschnittlich 8 Hektar auf. Insgesamt wechselten 41 Prozent der landwirtschaftlichen Nutzfläche in der SBZ ihren Besitzer. Die Bodenreform führte in den traditionell gutsherrschaftlich geprägten Gebieten (Nordelbien) zum Übergang von einer großbetrieblichen zu einer kleinbäuerlichen Agrarstruktur. Als Ergebnis gab es 1950 auf dem Gebiet der DDR nahezu 889 000 landwirtschaftliche Betriebe, davon 95 Prozent in privater Hand. Die Agrarproduktion hatte so in den wichtigsten Bereichen das Vorkriegsniveau wieder erreicht. Allerdings waren die Bauern neben dem gewerblichen Mittelstand die zweite große Gruppe Selbständiger, die dem von der SED betriebenen Aufbau des Sozialismus «objektiv» entgegenstanden. Die Großbauern sollten als soziale Gruppe beseitigt, die Klein- und Mittelbauern kollektiviert werden.

Bereits 1952 waren knapp 900 Bauernhöfe in innerdeutschen Grenzkreisen auf ostdeutscher Seite enteignet worden, weil seit Mai 1952 Zwangsumsiedlungen «zum Schutz der Demarkationslinie» in großem Stil durchgeführt wurden – insgesamt wurden 1952 während dieser Aktion etwa 12 000 Menschen, die als politisch unsicher galten, aus einem auf fünf Kilometer festgelegten Grenzstreifen vertrieben. Ebenso viele flüchteten in den Westen. Dutzende erhielten zum Teil hohe Zuchthausstrafen, weil sie Widerstand gegen die Zwangsumsiedlung leisteten. Bis zum 1. Juni 1953 kam es bereits – nach dem sowjetischen Vorbild – zu zahlreichen Gründungen von «Landwirtschaftlichen Produktionsgenossenschaften» (LPG). Noch dominierten in der Agrarwirtschaft aber privatwirtschaftliche Betriebe, allerdings mit einer Betriebsgröße unter 20 Hektar. Im Umfeld des 17. Juni 1953 ist die erste Phase der Zwangskollektivierung abgebrochen worden. Es kam zu Massenaustritten aus LPG, und mehr als 400 von ihnen lösten sich wieder auf.

Nachdem die SED-Führung ihre Macht wieder gefestigt hatte, forcierte sie die landwirtschaftliche Kollektivierung erneut. 1954 wurden 635 neue LPG gebildet. Ihre Zahl erhöhte sich von Anfang 1954 bis Ende 1956 um rund 1600 und betrug Ende 1956 insgesamt 6270. Von der landwirtschaftlichen Nutzfläche in der DDR bewirtschafteten sie jetzt 22,6 Prozent. Die Wirtschaftskraft vieler Produktionsgenossenschaften blieb aber gering. Selbst hohe SED-Funktionäre hielten es 1956 für besser, die dualistische Agrarstruktur von bäuerlichen Familienbetrieben und einem staatlich-genossenschaftlichen Sektor zu erhalten. Die SED-Führung ging darauf aber nicht ein.

Walter Ulbricht forderte Ende Oktober 1957 eine Steigerung der Agrarproduktion. Die Beschlüsse des V. SED-Parteitages von 1958, den Pro-Kopf-Verbrauch in der Bundesrepublik bis 1961 zu übertreffen, stellte die DDR-Landwirtschaft vor neue Herausforderungen. Die Kollektivierung trat nun in die entscheidende Phase. Anfang 1960 entschied die SED-Führung, sie sei innerhalb kürzester

Zeit abzuschließen. Die Gründungen der LPG erfolgten jetzt mit vielfältigen Mitteln des Drucks, Zwangs und Terrors. Insbesondere die Polizei- und Justizorgane beschleunigten den «sozialistischen Frühling auf dem Lande». 1959 existierten 9566 LPG mit etwa 400 000 Mitgliedern. Noch fast 52 Prozent der Nutzfläche wurden gleichwohl von privaten Einzelbauern oder den Kirchen bewirtschaftet, nur ein Jahr zuvor waren es sogar noch über 62 Prozent gewesen. Innerhalb weniger Wochen, zwischen März und Mai 1960, erfolgten Zwangskollektivierungen im großen Maßstab. Es bildeten sich etwa 10 000 neue LPG, die Mitgliederzahl schnellte hoch auf über 960 000. Es verblieben nur noch etwas mehr als sieben Prozent der Nutzfläche in privater Hand. Ein Anstieg der Fluchtbewegung aus den Dörfern und akute Versorgungsprobleme im gesamten Land waren die Folge.

Nach dem Start des sowjetischen «Sputnik» am 5. Oktober 1957, dem weltweit ersten Satelliten, breitete sich in den Führungsetagen der SED eine grenzenlose Fortschrittsgläubigkeit aus. Den Kommunismus schien nichts mehr aufhalten zu können. Der weitreichende kommunistische Führungs- und Regelungsanspruch, der 1960 die Landwirtschaft beinahe komplett erfasste, war nicht nur politischen Vorstellungen, sondern eben auch technokratischen Modernisierungsphantasien geschuldet. Die Landwirtschaft war endgültig im Sozialismus angekommen. Die riesigen, kollektivierten Felder waren nur der sichtbare Ausdruck dafür.

45. Was hieß «Einheit von Wirtschafts- und Sozialpolitik»?

In den fünfziger Jahren verbreitete die SED eine Parole, die jedes Kind kannte: «So wie wir heute arbeiten, werden wir morgen leben.» Das war frustrierend. Die Menschen schufteten und rackerten, aber erreichten nie «Morgen». Zwar hatte sich der Lebensstandard seit Ende der fünfziger Jahre erheblich verbessert, aber die Menschen wurden nicht zufriedener, weil die DDR dem vielgepriesenen Weltmaßstab beständig hinterherhinkte und der Abstand zum Westen zusehends wuchs.

Honecker erfand 1971 eine Wirtschafts- und Sozialpolitik, die die alte Parole aus den fünfziger Jahren auf den Kopf stellte. Im Kern war seine Politik nun von einem Gedanken getragen, den so nie ein SED-Funktionär formuliert hätte: «So wie wir heute leben, werden wir morgen arbeiten.» Die Menschen sollten sozial befriedigt werden. Im

Vorfeld des 1976 durchgeführten IX. SED-Parteitages ist 1975 die Formel von der «Einheit von Wirtschafts- und Sozialpolitik» erfunden worden. Offiziell verband sich damit ein sozialpolitisches Programm, das einerseits die Lebensbedingungen der Menschen verbessern und die entbehrungsreiche Nachkriegszeit beenden, das aber andererseits auf einer modernen und effizienten Wirtschaft basieren sollte, die die großzügige Sozialpolitik wie im Selbstlauf finanzieren würde. Inoffiziell wurde «heute» Geld ausgegeben, das «Morgen» erwirtschaftet werden würde. Honecker musste ein knappes Jahr vor seiner Abdankung gegenüber FDJ-Funktionären einräumen: «Wir leben zum Teil über unsere Verhältnisse.»

Arbeitsplatzsicherheit, niedrige Mieten und Fahrtkosten, billige Grundnahrungsmittel und Eintrittskarten, kostenlose und fast flächendeckende Krippen- und Kindergartenplätze und vieles mehr werden heute oft als «soziale Errungenschaften» aufgelistet. Der Preis dafür war eine abgehängte Wirtschaft, weil dringend benötigte Investitionsmittel in die Sozialpolitik umgeleitet wurden, so dass schließlich die Wirtschaft zugrunde ging und die Sozialpolitik nicht mehr finanziert werden konnte.

Die SED-Sozialpolitik garantierte eine soziale Grundsicherung, die weite Teile der Gesellschaft vor materieller Verelendung schützte. Die Versorgung reichte auf niedrigem Niveau von der Wiege bis zur Bahre. Sie war von dem Grundgedanken getragen, wenn die Menschen ein Dach über dem Kopf, einen gefüllten Magen und einen Arbeitsplatz hätten, bliebe das System trotz aller anderen Mängel stabil. In den frühen achtziger Jahren hatte diese Politik ihren Zenit erreicht und stagnierte. Besonders deutlich ablesbar war dies an den Renten, die real in den achtziger Jahren sogar zurückgingen. Deutlich angehoben wurde hingegen 1987 das Kindergeld.

Das ehrgeizigste Sozialprogramm galt der Wohnungspolitik. Honecker hatte verkündet, das Wohnungsproblem «als soziales Problem» bis 1990 zu lösen. Offiziell sind zwischen 1976 und 1989 2,8 Millionen Wohnungen neu gebaut oder modernisiert worden, real betrug die Anzahl 1,7 Millionen Wohnungen. Die durchschnittliche Wohnfläche pro Einwohner erhöhte sich von 21 Quadratmetern (1971) auf 27 Quadratmeter (1989). Insgesamt aber hatte der Wohnungsbestand zwischen 1971 und 1989 nur um etwa 950 000 zugenommen. Das Wohnungsbauprogramm setzte auf Neubau, Entkernung und Abriss, was zur Folge hatte, dass die Altbausubstanz in einem unglaublichen Maße verkam. Noch Ende der achtziger Jahre wies fast jede Stadt Ruinenlandschaften oder ruinenähnliche Quartiere auf. Die SED-Wohnungspolitik zielte auf industriell hergestellte Massenware, die zwar Hunderttausende beglückte, aber Millionen nachhaltig verärgerte.

Eine weitere Säule der SED-Sozialpolitik waren die Subventionsleistungen. Ein hoher Prozentsatz des Staatshaushaltes wurde dafür verwendet. Die Machthaber subventionierten von Mieten über Nahrung und Tarife bis hin zu Millionen Arbeitsplätzen fast alles. Die Staatssubventionen stiegen von Jahr zu Jahr rasant. Es wurde mehr ausgegeben als eingenommen. Gerhard Schürer, Chef der Staatlichen Plankommission, gab seit Mitte der siebziger Jahre seiner Parteispitze immer wieder vorsichtig zu verstehen, dass die praktizierte «Einheit von Wirtschafts- und Sozialpolitik» in die Katastrophe führe. Er schlug vor, unrentable Wirtschaftsprogramme zu stoppen, die frei werdenden Mittel in exportintensive Volkswirtschaftszweige zu überführen und eine Reihe von unsinnigen Subventionen einzuschränken oder ganz zu streichen. Honecker lehnte ab, weil ihm die Subventionspolitik als stärkste gesellschaftliche Bindungskraft erschien.

Die Unsinnigkeit der Subventionen zeigte sich in vielen Bereichen – billige Mieten, aber heruntergekommene Wohnungen, billige Fahrtarife, aber eine marode Infrastruktur usw. Die Menschen wurden satt, aber die Kosten waren extrem. 1989 subventionierte die SED die Nahrungsmittelpreise fast zur Hälfte, zugleich hatte sie Mitte der achtziger Jahre die Subventionen für die Landwirtschaft etwa halbiert. Das führte zu dem grotesken Zustand, dass Bauern Brot, Kartoffeln und anderes zu günstigen Preisen einkauften und an ihr Vieh verfütterten. Diese und noch andere Paradoxien bewirkten, dass die SED nicht nur immer wieder Getreide, Futtermittel und Fleisch gegen Devisen importieren musste – zugleich gab es auch «Engpässe» in der Bereitstellung von Grundnahrungsmitteln.

Viele Ressourcen, die dringend in Investitionen hätten umgeleitet werden müssen, wurden durch die «Einheit von Wirtschafts- und Sozialpolitik» für zukunftslose Subventionen und Sozialprogramme verschleudert. So schlug Honeckers Politik schließlich in ihr Gegenteil um: statt das System zu legitimieren, unterminierte sie seine Grundlagen.

46. Warum stank die Saale selbst im Paradies? Eine Reihe von Gesetzen schien davon zu zeugen, dass die SED die Umwelt als schützenswert einstufte. 1972 wurde ein Ministerium für Umweltschutz und Wasserwirtschaft gebildet, weltweit eines der ersten. Tatsächlich zählte die DDR jedoch zu den größten Umweltsündern Europas. Kein anderes Land wies eine so hohe Schwefeldioxidemission auf. Auch bei der Staubemission nahm sie den ersten Platz ein und behauptete sich bei fast allen anderen Schadstoffen ebenfalls konsequent in der Spitzengruppe. 1989 galten nur 3 Prozent der Fließgewässer und nur 1 Prozent der stehenden Gewässer als ökologisch intakt. Der Waldbestand war zu über 50 Prozent krank oder tot. Viele Böden waren kontaminiert. Das Abwassersystem war marode, die Agrarflächen durch Dünger und Pestizide verseucht, Energie knapp. Die DDR verfügte nur über ein Zehntel des durchschnittlichen Wasserhaushaltes, den im Weltdurchschnitt Industrie- und Schwellenländer besaßen. Auch dies war eine Folge der verfehlten Wirtschaftspolitik, der versäumten Modernisierung und der Nachrangigkeit von Umweltschutz. Im Januar 1990 waren über 80 Prozent der DDR-Menschen laut demoskopischen Befragungen unzufrieden mit der Umweltsituation. Kein Wunder: In der Chemie- und Braunkohleregion Leipzig-Halle-Bitterfeld, einem besonders gebeutelten Gebiet, herrschte Ende der achtziger Jahre durch die Industrie bedingt im Jahresdurchschnitt alle fünf Tage Nebel, an jedem Tag – durchschnittlich – stank es.

Der SED war die wachsende Empörung der Menschen über diese Zustände zwischen Ostsee und Erzgebirge nicht entgangen. Allein, ihr fehlten die Mittel, dies abzumildern. Der Krankenstand explodierte auch wegen dieser Umweltkatastrophe. Die oppositionelle Umweltschutzbewegung wurde ebenso zu einem Sargnagel des Regimes wie die kontraproduktive Umweltschutzpolitik des Staates. Umwelt ist mehr als tote Wälder, marode Abwassersysteme, verseuchte Böden, gesperrte Badeseen, stinkende Luft – unerträglicher Gestank gehörte in vielen Gebieten zur DDR-Duftmarke. Die Saale in Jena stank auch im Park «Paradies». Umwelt im weiteren Sinne ist die gesamte Umgebung des Menschen. Und die sah nicht besser aus. Der flächendeckende Zerfall der Altbausubstanz war nur ein Spiegelbild der zerstörten Umwelt. Der raue, barsche Ton in den Amtsstuben war ein anderes. Und die mannigfaltigen Versorgungsprobleme nicht das letzte. Glaubte man der SED-Propaganda, so schien die Atomwolke, die nach dem Super-Gau von Tschernobyl im April 1986 die Welt in

Atem hielt, über die DDR in eigentümlicher Weise hinweggezogen zu sein. Wenige Monate später fand diese Groteske, die viele Menschen empörte, einen nächsten Höhepunkt. Am 1. Februar 1987 wurde erstmals in West-Berlin Smogalarm der Stufe 1 verordnet. Die Mauer war an diesem Tag nicht nur Schutzwall gegen Faschisten, sondern auch gegen Umweltverschmutzung. Die Machthaber in Ost-Berlin erklärten, die Luft im Ostteil der Stadt sei sauber.

47. War die DDR die zehntgrößte Volkswirtschaft der Welt?

Die DDR-Volkswirtschaft hatte seit Ende der fünfziger Jahre zunächst eine Stabilisierung, in den sechziger Jahren kräftige Zuwächse und eine nicht zu verleugnende Konsolidierung erfahren. Der allgemeine Lebensstandard war erheblich angestiegen. Ab Ende der siebziger Jahre setzten Stagnation und Rückschritt ein. Die Wirtschaft befand sich in den achtziger Jahren in einer Dauerkrise, die allgemeinen Lebensverhältnisse stagnierten und begannen abzuflachen. Die Menschen verfügten zwar über mehr Geld, die Warenkörbe aber wurden immer leerer.

1982 galt die DDR international als zahlungsunfähig. Sie musste mehr als das 1,5-Fache an Devisen für Tilgungs- und Zinszahlungen an internationale Gläubiger überweisen, als sie einnahm. Die Finanz- und Planwirtschaftsexperten wiesen das SED-Politbüro seit 1976 mehrfach auf diesen sich stetig verschärfenden Umstand hin. Die Bundesrepublik half mit Krediten und anderen Transferzahlungen, um Instabilität in der DDR zu verhindern. Das Politbüro blieb jedoch gegenüber den Krisenzeichen ungerührt und setzte stattdessen die «Einheit von Wirtschafts- und Sozialpolitik» fort. Entgegen den Verkündigungen, die DDR sei die zehntstärkste Industrienation der Welt, rangierte sie tatsächlich im Mittelfeld. Dieses Ranking haben nicht nur SED-Funktionäre betrieben, auch viele bundesdeutsche Politiker, Wissenschaftler und selbst Wirtschaftskapitäne, die es hätten besser wissen müssen, bescheinigten der DDR eine starke Wirtschaftskraft und dass sie es mit einem erstaunlichen Kraftakt zu einem stabilen und weltweit führenden Industriestaat gebracht hätte.

Wirtschaftshistoriker stufen die DDR dagegen inzwischen als Schwellenland ein. Mit Hilfe der Kredite aus der Bundesrepublik gelang es kurzzeitig, die internationale Verschuldung abzusenken. Allerdings brach 1985 der Erdölpreis auf dem Weltmarkt zusammen. Die Importpreise für Rohöl aus der UdSSR stiegen für die DDR rasant an, die Erlöse für Erdölprodukte hingegen fielen in den Keller. Eine bis dahin wichtige Devisenquelle versiegte zwar nicht, sank aber bis 1987 auf nur noch etwa ein Drittel des ursprünglichen Wertes ab. Andere Warenangebote der DDR waren auf dem Weltmarkt kaum gefragt. Da Wirtschaftszweige wie Maschinenbau oder Elektrotechnik nicht modernisiert worden waren, fanden die Produkte trotz günstiger Preise kaum noch Abnehmer. Die Arbeitsproduktivität verringerte sich und erreichte gegen Ende der achtziger Jahre nur noch rund ein Drittel von der der Bundesrepublik.

Selbst für diejenigen Ostdeutschen, die sich seit 1990 wegen Arbeitslosigkeit und anderer sozialer Verwerfungen zu den sozial und materiell Abgehängten rechnen, hat sich objektiv und sozialstatistisch betrachtet der materielle Lebensstandard erhöht und übertrifft die allgemeinen materiellen Lebensverhältnisse und -möglichkeiten in der DDR.

Alltag

48. Warum waren Handwerker die heimlichen Könige der Ostdeutschen? Entgegen der offiziellen Ideologie war nicht die «Arbeiterklasse» die führende Kraft im Staat. Die politische Herrschaft mag die SED ausgeübt haben. Die Könige aber waren Handwerker und Verkäufer in Fachläden. Denn sie waren die inoffiziellen Verwalter des Mangels. Ihr Sozialprestige war sehr hoch und nur dem von Ärzten vergleichbar. Sie verteilten Waren und verfügten über Fertigkeiten, Werkzeuge und andere Hilfsmittel, die selbst den gewieftesten Improvisationskünstlern und umtriebigsten Tauschpartnern zuweilen fehlten. Die Menschen sind nicht nur in Amtsstuben gedemütigt worden, sondern auch in Handwerkerbuden, Fachläden und Restaurants. Die Verkäufer und Handwerker waren die Könige, nicht die Kunden. Schmiergeld gehörte zum Einmaleins der Benimmregeln, kleine Geschenke verbesserten die Chancen, große Geschenke sicherten eine Vorzugsbehandlung. Am besten aber war – abgesehen von Westgeld –, man konnte mit einer Gegenleistung aufwarten, die dem Handwerker oder dem Fachverkäufer augenblicklich oder zukünftig nützlich erschien. Die meisten Menschen hatten sich daran irgendwie gewöhnt, auch an die unerträgliche Arroganz des Klempners und die schier unfassbare Unfreundlichkeit des Kellners. Die wussten, sie erhielten ihr Geld mit oder ohne Freundlichkeit. Ungehalten zeigten sie sich nur, wenn ihnen mit der gleichen Unfreundlichkeit begegnet wurde – nicht in ihrem Geschäft, aber in einem anderen. Und deshalb hatten auch sie das System am Ende satt.

Der miserable Zustand der Produktionsanlagen in allen Volkswirtschaftszweigen hatte eine weitere Schattenseite: Havarien und Unfälle gehörten zum Arbeitsalltag, teilweise mit tödlichen Folgen und nachhaltigen Umweltbelastungen. In nicht wenigen Betrieben produzierten die Arbeiter mit Maschinen, die vor 1933 oder gar vor 1914 aufgestellt worden waren, was auch den Erfindungsreichtum und die Improvisationsfertigkeit vieler Menschen aus der DDR erklärt. Daher wuchs dem Sektor «Reparatur und Instandhaltung» eine Bedeutung zu, die heute kaum noch vorstellbar ist. Im persönlichen wie betrieblichen Alltag waren diejenigen, die reparierten, instand setzten, sanierten und zuweilen modernisierten, ungekrönte Könige, deren Gunst sich jeder entweder zu erarbeiten, zu erkaufen, zu ertauschen oder zu erbuckeln hatte. Die DDR-Gesellschaft war das Gegenteil einer Dienstleistungsgesellschaft.

49. Warum waren Uniformierte und Funktionäre so unfreundlich?
Der Osten war von einer Unfreundlichkeit geprägt, die Besuchern oft bitter aufstieß. Funktionäre und Uniformträger sollten unnahbar, überlegen und allwissend erscheinen. Da sie das nicht waren, taten sie wenigstens so und verbargen ihre Unsicherheit und ihr Nichtwissen hinter eisigen Mauern des Schweigens, der Unfreundlichkeit, des barschen Tones. Polizisten wie SED-Kader verkörperten die Staatsmacht, und so unberechenbar wie diese waren auch ihre Repräsentanten. Beruhigend daran war höchstens, dass die Kaltherzigkeit in den Amtsstuben, auf den Straßen, an den Grenzübergangsstellen oder in Versammlungen vor den Funktionären selbst nicht halt machte. Wenn man sich heute Fotos oder alte Fernsehberichte ansieht, schlägt einem die Kälte und Unnahbarkeit immer noch entgegen. Die Staatsfunktionäre mögen nicht einmal alle gleich verbohrt gewesen sein, in der Öffentlichkeit haben sie das aber geschickt versteckt und stets den Eindruck vermittelt, aus dem gleichgeschalteten Kollektiv nicht herauszuragen.

Da alles und jedes von der SED, «der» Partei, bestimmt und kontrolliert wurde, herrschte eine flächendeckende organisierte Verantwortungslosigkeit. Niemand fühlte sich letzten Endes für irgendetwas verantwortlich, jeder delegierte die Verantwortung nach oben oder unten und sah sich nur als «ausführendes Organ». Das war nicht nur dem Machtprinzip geschuldet, sondern auch den allgemeinen miserablen Umständen, für die niemand die Verantwortung übernehmen wollte – weder im Großen noch im Kleinen. Funktionäre organisierten, kontrollierten, leiteten an und hielten unentwegt Reden. Höhere Mächte schienen sie auf ihren Platz gestellt zu haben, den sie nur bei Strafe des eigenen Untergangs verlassen konnten. Arbeit war für Funktionäre gleichbedeutend mit einem immerwährenden Kampf: für Frieden, für Sozialismus, für Produktionssteigerung, für Wohlstand, für Fortschritt, für alles Gute und gegen alles Schlechte auf der Welt. Vielleicht war dies der Grund, warum die meisten Funktionäre so mürrisch und verhärtet dreinblickten. Sie opferten sich für «die Sache» auf und ernteten nur Undank. Was blieb ihnen da weiter übrig, als unfreundlich zu sein? Vielleicht waren ja viele von ihnen genauso unzufrieden mit den Verhältnissen wie ihre Mitmenschen. Vielleicht waren sie auch einfach nur herrisch oder angesichts des ständigen Unmuts ihrer Umwelt genervt. Vielleicht waren sie auch einfach nur unfreundlich.

50. Warum war in der DDR alles so grau? Westdeutsche, die nach 1989 durch die ostdeutschen Städte und Dörfer fuhren, zeigten sich oft geschockt vom tristen Aussehen der ostdeutschen Städte und Gemeinden. Dabei war es in der DDR weitaus bunter zugegangen, als es ihnen schien. Wenn die FDJ zu ihren Massenaufmärschen und Jugendfestivals rief, war alles blau wegen der FDJ-Hemden. Am 1. Mai und anderen Staatsfeiertagen hingen im ganzen Land rote Fahnen und die schwarz-rot-goldenen Staatsflaggen. Bei der Kinder- und Jugendspartakiade, einem Sportfest, wurden zehntausende Statisten zu lebendigen Teilen riesiger bunter Losungen, die sich im Stadion im schnellen Takt veränderten und bei den Militärparaden rollten grüne Panzer und anderes schweres Militärgerät laut dröhnend durch die Ostberliner Innenstadt.

Die Machthaber erfreuten sich daran, wenn ihr Land uniformiert und einheitlich nach ihrer Pfeife tanzte. Allerdings konnten sie nicht verhindern, dass hinter den überall angehängten Fahnen, Transparenten und Losungen der Putz abbröckelte. In dieser Hinsicht war das Land tatsächlich grau, nur, wie ein sarkastischer Witz lautete, die Flüsse nicht, denn die waren wegen der Industrieabwasser bunt. Auch der Schnee war in den Städten und industriellen Ballungsgebieten wegen der Luftverschmutzung nicht weiß, sondern grau, manchmal sogar schwarz.

«Grau» in einem übertragenen Sinne waren das einheitliche Straßenbild, die uniforme Einheitskleidung von den Pionieren über FDJ und der «Gesellschaft für Sport und Technik» (GST) bis hin zu weiteren Massenorganisationen, die Eintönigkeit und Langweiligkeit der Medien, die ewig gleichen und aschfahl dreinblickenden Funktionärsgesichter, die immer wieder gleichen Parolen, die ewig stumpfsinnige Propaganda, die identischen Schaufensterdekorationen, das Einheitsangebot in den Geschäften, die normierten Wohnungsneubauten und vieles mehr. Alle sollten wie Spatzen daherkommen, die jeden Wellensittich, der sich aus seinem Käfig an die frische Luft traute, mürbe machen. Jugendkulturen wie Hippies, Punks oder Popper eckten nicht nur bei den Funktionären an. Ihre Buntheit, nicht nur am Äußeren zu bestaunen, war ein Ärgernis, war systemdestabilisierend, weil sie aus der Reihe tanzten. Das hassten auch viele Mitmenschen, so dass Punks und Hippies nicht nur von der Polizei, sondern auch von braven Bürgern drangsaliert wurden.

Dass letztlich auch die DDR-Gesellschaft nur in das Korsett der Einheitlichkeit und Uniformiertheit gepresst worden war, zeigte sich im Herbst 1989, als sie auf einmal ihre Vielfarbigkeit offenbarte. Manche können das bis heute nicht fassen und sehnen sich deshalb, nicht gerade nach den bunten Flüssen und dem grauen Schnee, aber nach der Einheitlichkeit und Übersichtlichkeit zurück. Diesen grauen Mäusen fällt das Leben in der bunten Freiheit weitaus schwerer als im Betonkommunismus.

51. Wo verbrachten die Menschen ihren Urlaub?

Jeder Werktätige hatte Anspruch auf gesetzlich garantierten Urlaub. Offiziell wurde er ihm gewährt, damit er seine Arbeitskraft stärken könne. Der Urlaubsanspruch unterschied sich nach Branchen und konnte durch Wochenend- und Schichtarbeit erhöht werden. Der Mindesturlaub lag in den achtziger Jahren bei 18 Tagen. Er war seit den fünfziger Jahren mehrfach angehoben worden. Die meisten verfügten über mehr Urlaubstage. Vor allem Angehörige von MfS, Polizei und Armee, aber auch Funktionäre in den Apparaten der Parteien und Massenorganisationen sowie im Staatsapparat erhielten deutlich mehr.

Auch Urlaubsplätze zählten in der DDR zur Mangelware. Besonders beliebt waren Plätze an der Ostsee, die zu einem großen Teil vom FDGB verwaltet wurden, nicht selten wurden Urlaubsplätze für irgendwelche besonderen Verdienste vergeben. Untergebracht waren die Urlauber dann in Heimen, von denen sich viele anschließend erst einmal erholen mussten. Viele private Anbieter von «Urlaubsbetten» handelten damit auf dem Schwarzmarkt. Beliebt war ein Campingurlaub, aber auch hier standen zu wenige Plätze zur Verfügung. Vor allem Jugendliche improvisierten und schliefen unter freiem Himmel, was meistens geduldet wurde.

Eine große Mehrheit der DDR-Menschen teilte die Forderung nach Reisefreiheit. Bis zum Mauerfall im November 1989 gab es keine Rechtsgarantien für Auslandsreisen. Es existierten Kann-Bestimmungen. In die ČSSR und nach Polen konnten DDR-Bürger seit 1972 unter Vorlage ihres Personalausweises reisen, ab 1980 war dies nach Polen aufgrund der dortigen politischen Situation nicht mehr möglich. Die SED-Führung fürchtete den Solidarność-Bazillus. Für Reisen nach Ungarn, Rumänien und Bulgarien benötigte man eine Genehmigung durch die Polizei, die fast immer erteilt wurde. Der Geldumtausch blieb – außer bei der tschechischen Krone bis 1988 – auf einen jährlichen Satz beschränkt, so dass die DDR-Menschen selbst in die Bruderstaaten als arme «Freunde» reisten. Um nach Polen zu kommen, brauchte man seit 1981 eine begründete Einladung. Ebenso kam man in die UdSSR, wo es allerdings im Gegensatz zu den anderen Ostblockstaaten für den Individualreisenden gefährlich blieb. Organisierte Reisen konnte man im staatlichen Reisebüro sowie über Jugendtourist, einer FDJ-Einrichtung, buchen. Angeboten wurden nicht nur sozialistische Staaten, sondern als besondere Auszeichnung auch Fahrten in westliche Staaten (einschließlich Jugoslawien), Kreuzfahrtreisen oder auch Fernreisen nach Vietnam, Kuba, in die Mongolei oder nach Nordkorea. Es gab nur wenige tausend Plätze, die teuer waren und fast ausschließlich an als politisch-ideologisch zuverlässig geltende Staatsbürger vergeben wurden.

52. Gab es Rechtsextremismus und Antisemitismus? Rechtsextremismus und Antisemitismus bildeten in allen vier Jahrzehnten der DDR-Geschichte eine gesellschaftliche Realität, die jedoch öffentlich nicht thematisiert wurde. Rechte Gesinnungen waren Ausdruck einer fundamentalen Gegnerschaft. Mit nichts anderem konnte man den antifaschistischen Staat mehr treffen als mit Neofaschismus und Rechtsradikalismus. In vielen Vermerken, die Polizei, MfS und Justiz über rechte Täter anlegten, wurde dies offen ausgesprochen. Aber auch scheinbar stromlinienförmige und angepasste Menschen bedienten sich des strikt Verbotenen. Auf den Schulhöfen grassierten antisemitische Sprüche wie in den Fußballstadien und Betrieben. Rassismus gehörte in dem Land, in dem nur wenige Ausländer lebten, zur Alltäglichkeit.

Waren die SED-Funktionäre auf dem «rechten Auge» blind? In gewisser Hinsicht schon. Denn die Kehrseite des staatlich praktizierten Antifaschismus war eine Falle, die sich die SED selbst stellte. Ihre Ideologie schrieb vor, dass nicht sein könne, was nicht sein dürfe. Im Falle politischer Opposition war dies einfach zu regeln: Oppositionelle wurden zu Kriminellen abgestempelt. Im Prinzip galt dies auch für Neofaschisten, Antisemiten, Rassisten. Nur, die meisten derartigen Äußerungen und Haltungen lagen im Vorfeld strafrechtlicher Relevanz. Und – das Hauptproblem – sie blieben nicht auf bestimmte soziale Kleingruppen beschränkt, sondern durchzogen die Gesellschaft wie eine Seuche. Weit verbreitete Witze zählten dabei noch fast zu den Harmlosigkeiten. Der offizielle Internationalismus der SED produzierte im Umkehrschluss einen gefährlichen und aggressiven Nationalismus.

In internen Analysen vom Ende der achtziger Jahre ist zu lesen, dass Rassismus, Antisemitismus, Diskriminierung von Homosexuellen, Behinderten, Andersdenkenden, Punks, die Ablehnung des politischen DDR-Systems und anderes mehr bei vielen Arbeitskollegen und Eltern von Rechtsextremen und Neofaschisten auf positive Resonanz oder mindestens passive Duldung stießen. Am 5. September 1988 warnte der SED-Bezirkschef von Dresden, Hans Modrow, in einer Rede vor den 1. Sekretären der SED-Kreisleitungen seines Bezirkes: «Ausländerfeindlichkeit baut sich gefährlich auf». Die Entwicklungen nach 1989 schlossen dort nahtlos an.

53. War die DDR wirklich frei von Drogenproblemen?

Die SED präsentierte ihren Staat und die Gesellschaft als «sauber», «gesund» und frei von Verderb bringenden Dingen wie Prostitution, Drogen oder Kriminalität. Das alles wurde allein dem kapitalistischen System angedichtet, da es im Sozialismus überwunden worden sei. Allein die Realität sah anders aus. Prostitution, Pornographie oder Kriminalität hat es unter der offiziellen Oberfläche gegebenen. Weit verbreitet war auch Medikamentenmissbrauch, gequalmt wurde ohnehin überall, aber auch Cannabisdrogen erfreuten sich einer gewissen Beliebtheit. Lediglich Drogen wie Heroin oder LSD, die auch auf verschlungenen Wegen die Mauer überwanden, waren eher selten. Das sichtbarste Problem allerorten war jedoch der Alkoholismus. Alkohol war die Droge Nr. 1 in der DDR. Der Alkoholverbrauch stieg zwischen Mitte der siebziger und Ende der achtziger Jahre rasant an. Beim Bier- und Spirituosenkonsum belegte die DDR tatsächlich Weltspitzenpositionen. Alkoholprobleme sind zwar systemunabhängig, ihre Häufung sagt aber auch etwas über die Gesellschaft aus, die sie produziert. Der stetig wachsende Alkoholverbrauch in der DDR war eine Folge der tief empfundenen Gesellschaftskrise. Das wurde Mitte der achtziger Jahre selbst in einigen wissenschaftlichen Publikationen, die in der DDR herauskamen, implizit bestätigt. Sie belegten, was fast jeder wusste: Alkohol war ein gesamtgesellschaftliches Problem. Gesoffen wurde überall und ständig. Die Therapieangebote erwiesen sich als ungenügend und vor allem quantitativ nicht ausreichend, auch hier versagte das Gesundheitssystem. Nun könnte man Alkohol als «Ausstiegs-» oder «Verzweifelungsdroge» des «kleinen Mannes» bezeichnen, was es oft genug auch war. Entscheidender aber war, dass Alkohol und Alkoholabhängigkeit gerade auch im Staats- und Parteiapparat eines der zentralen sozialen Probleme darstellte. Dort, wo Anpassungsdruck und Opportunismus besonders stark gefragt waren, erfolgte der Griff zur Pulle auch am Arbeitsplatz außerordentlich häufig und intensiv. Im September 1989 ist das Problem im SED-Politbüro als besorgniserregend angesprochen worden. Mit anderen Worten: die DDR war eine «berauschte» Gesellschaft.

54. Gab es Pferderennen? Am 1. Juli 1945 eröffnete die SMAD in Berlin-Karlshorst, wo sie ihr Hauptquartier aufgeschlagen hatte, auf einer ehemaligen Hindernisbahn eine Trabrennsportanlage. An manchen Renntagen kamen bis zu 50 000 Menschen. In Berlin-Marienfelde, im amerikanischen Sektor von Berlin, nahm die Konkurrenz ein Jahr später den Betrieb auf einer seit 1913 bestehenden Bahn wieder auf. In Hoppegarten, mit der Berliner S-Bahn zu erreichen, existierte zudem eine Galopprennbahn, weitere gab es in Magdeburg, Halle, Leipzig, Gotha und Dresden; die in Bad Doberan war seit 1962 zweckentfremdet. Während in Karlshorst auf der einzigen Trabrennbahn in der DDR die meiste Zeit über Rennen am Wochenende und mittwochs stattfanden, gab es Pferderennen auf den Galoppbahnen meist nur abwechselnd, d. h. in jedem Ort nur in größeren Abständen.

Noch in den fünfziger Jahren befanden sich über 80 Prozent der Gestüte und Pferde in privater Hand, Anfang der achtziger war der private Sektor auf weniger als 20 Prozent zurückgedrängt worden. Die Rennbahnen blieben Anziehungsmagnet für Zuschauer und Wettende. Denn obwohl das Wetten offiziell als «kleinbürgerlich-kapitalistisch» verschrieen war, konnten die Menschen hier tippen, Geld verdienen und vor allem verlieren. Bis Mitte der siebziger Jahre existierten auch private Buchmacher, bei denen man nicht nur auf Pferderennen in der DDR, sondern auch in Baden-Baden, Paris oder Moskau setzen konnte. Nachdem mehrere Buchmacher «gesprengt» worden waren und sie die Gewinnquoten nicht auszahlen konnten, wurden fast alle verstaatlicht und auf einheitliche Quoten festgelegt und das Wetten auf Rennen außerhalb der DDR damit praktisch abgeschafft.

Die Pferderennbahnen blieben aber Gebiete, die irgendwie außerhalb der DDR zu liegen schienen. Zwar war der Staat mit all seinen Institutionen auch hier präsent, aber diesen Alltag bekam er nicht unter Kontrolle. Auf allen Bahnen gab es neben dem offiziellen Totalisator (Wettanbieter und Quotenermittler) eine Vielzahl von weiteren Möglichkeiten zum inoffiziellen Glücksspiel, das neben den Pferden auch Karten- und Würfelspiele sowie eine Vielzahl von Wettmöglichkeiten umfasste. Das DDR-Fernsehen hat mehrfach Spielfilme produziert, in denen das Verderbliche von Glücksspielen und die wenig sozialistische Atmosphäre auf Pferderennbahnen angeprangert wurden. Von einem Verbot sah die SED aber ab, weil es für sie eine wichtige Geldeinnahmequelle darstellte, sie das Milieu so in einem bestimmten Raum wusste und nicht zuletzt, weil es Pferderennen in den anderen kommunistischen Staaten einschließlich der UdSSR ebenfalls gab.

Glücks- und Wettspiele waren insgesamt in der DDR weit verbreitet. Für Lotto und Toto verfügte der Staat über ein Monopol. Skatturniere, bei denen es auch um Geld ging, standen hoch im Kurs. Weniger kontrollieren konnte der Staat, was in privaten Räumen gewettet und welche Glücksspiele betrieben wurden. Da kannte die Phantasie keine Grenzen. Jährlich wechselten viele Millionen Mark so ihre Besitzer, auch Spiele um DM waren keine Randerscheinungen.

55. Warum brachte sich der Westbesuch sein Toilettenpapier mit?

Der Volksmund witzelte: «Warum ist das Toilettenpapier in der DDR so hart?» Die Antwort fiel wenig vornehm aus: «Damit aus dem letzten ‹braunen› Arsch auch noch ein ‹Roter› wird.» In diesem Witz sind gleich zwei Erfahrungen verarbeitet worden. Er behauptet einerseits eine personelle Kontinuität zwischen früheren NSDAP-Mitgliedern und SED-Mitgliedern bzw. Systemträgern. Zudem suggeriert er Ähnlichkeiten zwischen Nationalsozialismus und Kommunismus, eine Ansicht, die sowohl in den fünfziger wie den achtziger Jahren «auf der Straße» durchaus beliebt war, um die Ablehnung der SED-Diktatur zu dokumentieren. Andererseits aber verarbeitet dieser Witz den alltäglichen schmerzhaften Toilettengang, bei dem man sich schon einmal Splitter unter die Haut schieben konnte, nicht nur von der Klobrille, sondern auch mit dem harten Papier. Die meisten Menschen hatten sich daran natürlich gewöhnt. Ihre Verwandten aus dem Westen zeigten sich dazu weniger geneigt, und nicht wenige brachten sich bei ihren Besuchsreisen das gewohnte hautfreundlichere Toilettenpapier mit.

Viele Bundesbürger, die in die DDR kamen, sprechen noch heute von ihren Erlebnissen bei der Grenzkontrolle so als wäre ihnen sonst was passiert. Das war für sie in den siebziger und achtziger Jahren natürlich ungewöhnlich, diese Unfreundlichkeit, der barsche Ton, die menschliche Kälte, aber was erwarteten sie denn eigentlich? Sie galten an der Grenze als «Klassenfeinde» und wurden dementsprechend nicht mit Rosen empfangen. Weil die Unannehmlichkeiten aber nach der Grenze nicht nachließen, nahmen viele all jene alltäglichen Bedarfs- und Konsumgüter mit, auf die sie glaubten, selbst für ein paar Tage nicht verzichten zu können: Kaffee, Nutella, Seife, Toilettenpapier, Schokolade, Käse, Wurst und vieles mehr. Viele Ostdeutsche hat dies damals gewundert, manche sogar verärgert und verletzt. Die wenigsten haben dies ihren Verwandten gegenüber geäußert, weil die ja nicht nur die Reste in der Zone ließen, sondern auch die heiß begehrten Westpakete schickten und überhaupt meist sehr großzügig mit Geschenken waren. Die meisten Ostdeutschen haben sich nach 1990 diesen Gepflogenheiten sehr schnell angepasst. Fahren sie heute in den Urlaub ins Ausland, zumal wenn es in weniger westliche Gebiete geht, schleppen sie sich auch mit Dingen ab, ohne die auch ihnen ein Überleben nun fast unmöglich erscheint.

56. Warum war FKK so beliebt? Die «Freikörperkultur» (FKK) ist eine Erfindung der europäischen Moderne – im alten Griechenland oder im Mittelalter war das nackte Baden in der Öffentlichkeit der Normalfall, wenn auch zumeist nach Geschlechtern getrennt. Im bürgerlichen 19. Jahrhundert begann der Tourismus für sozial Privilegierte an der Nord- und Ostsee, die ersten Seebäder entstanden, Männer und Frauen badeten züchtig voneinander getrennt und in Badesachen, die den größten Teil des Körpers bedeckten. Ende des 19. Jahrhunderts begannen «Nudisten» (Nacktbadende) an Binnenseen und Ost- wie Nordsee die Hüllen abzulegen. Diese Reformer pochten im wahrsten Sinne des Wortes auf Naturrecht. Politisch ging es ihnen um soziale Gleichheit, die in gewisser Hinsicht nackt gegeben ist, weil sich im Adamskostüm sehr viel schwerer bestimmen lässt, wer aus welcher Schicht kommt.

In der DDR gab es in den fünfziger Jahren politische Kämpfe um die «Freikörperkultur». Es kam zu regelrechten Strandkämpfen zwischen FKKlern und Badeanzugträgern. 1954 ist FKK von der SED verboten, 1956 aber unter dem Druck der Befürworter, nicht selten langgedienten überzeugten Kommunisten, wieder zugelassen worden. Zunächst galt dies nur für einen Strandabschnitt in Ahrenshoop, wo vor allem Künstler und Kulturfunktionäre Urlaub machten. In den nachfolgenden Jahren weitete sich die «Freikörperkultur» nicht nur über die gesamte Ostseeküste aus, sondern erfasste auch die meisten Binnenseen. In den siebziger und achtziger Jahren hatte sich das Bild insofern gewandelt, als die mit Textilien badenden Menschen eher unter Erklärungsdruck standen als die Nudisten. Die DDR zeigte sich hier offener als die meisten anderen europäischen Gesellschaften.

Eine Erklärung dafür zu finden, ist nicht ganz einfach. Anfänglich kam in der Öffentlichkeit Nacktheit kaum vor. Deshalb waren etwa die Monatszeitschrift «Magazin», wo seit Ende der sechziger Jahre nackte Frauen abgebildet wurden, oder die Satirezeitung «Eulenspiegel» so beliebt, weil auf deren letzter Seite meist eine barbusige Frau lächelte. Auch Filme mit nackten Menschen waren eher selten und deshalb umso mehr gefragt. Als in den späten achtziger Jahren nachts kleine schmuddelige Sexfilmchen gezeigt wurden, hatte endlich auch das DDR-Fernsehen einmal hohe Einschaltquoten.

Aber die weithin fehlende Nacktheit in der Öffentlichkeit erklärt das Massenphänomen FKK noch nicht. FKK ermöglichte in der DDR, was sonst gerade trotz aller Versprechen nicht gegeben war: Gleichheit aller. Der FKKler war als Staats- und Gesellschaftswesen nicht identifizierbar, er suchte nur Sonne, Spaß und Entspannung. Die Allgegenwärtigkeit des SED-Staates zerbrach am Strand der Nackten. Wahrscheinlich fühlten sich deshalb auch viele Funktionäre dort so wohl. Im übertragenen wie praktischen Sinne reichte der Arm des Staates in viele Winkel, aber kaum an die FKK-Strände – so mögen es viele geglaubt haben. Nicht einmal der Spitzel mit seinem verborgenen Mikrofon zur heimlichen Aufnahme von Gesprächen oder dem verdeckten Fotoapparat konnte sich hier entfalten. FKK bedeutete für viele Menschen Naturwüchsigkeit, Entspannung, Geschütztsein. Vielleicht war es auch die entspannte Reaktion auf die fehlende öffentliche Sexualisierung von allem und jedem. Dies würde jedenfalls erklären, warum die Freikörperkultur auch im Osten nach 1990 an Bedeutung verlor.

57. Warum klapperte der Trabant? Fast nichts hat auch in der DDR die Menschen so beschäftigt wie das eigene Auto. 1989 fuhren auf den Straßen etwa 3,8 Millionen Privat-PKW. Die Eintönigkeit des Landes hatte nicht zuletzt in der uniformen Erscheinung des Autobestandes ihr Spiegelbild. Etwa zwei Millionen Trabis und knapp 700 000 Autos der Marke Wartburg verpesteten die Luft und verursachten den ihnen eigenen Zwei-Takter-Krach. Etwas mehr als die Hälfte aller Haushalte besaß statistisch einen PKW. Mehr als 60 Prozent der Privatautos war älter als zehn Jahre. Der dadurch bedingte hohe Bedarf an Ersatzteilen und Reparaturen konnte nicht einmal ansatzweise gedeckt werden – zur Empörung der Autofahrer. Auf einen Neuwagen mussten Interessenten 12,5 bis 17 Jahre warten. Autoanmeldungen glichen Wertanlagen. Rückte der Kauftermin näher, konnte man sie für tausend Mark verkaufen. In der DDR gab es das Phänomen, dass der Wert eines Neuwagens sich am Tag des Kaufs automatisch verdoppelte. Ein Trabant, den man für 10 000 Mark gekauft hatte, konnte noch nach zehn Jahren für den ursprünglichen Preis veräußert werden.

In der DDR rangierte der Wunsch, Kfz-Schlosser zu werden, bei Jungen ganz weit oben. Der Beruf versprach hohes Sozialprestige, ein hohes «nebentarifliches» Einkommen und vielfältige «Beziehungen» wie von selbst. «Do-it-yourself»-Reparaturhandbücher standen hoch im Kurs, waren selbst Mangelware und besonders gefragt, weil der Bedarf an Reparaturwerkstätten nicht einmal ansatzweise gedeckt werden konnte. Betriebsanleitungen mit Hinweisen für die Instandhaltung und für Reparaturen flankierten Bücher, die für jedes potentielle Problem praktische Tipps zur Beseitigung parat hatten. Gegen den Lärm war nicht viel zu machen. Im Trabi konnte man sich bei etwas schnellerer Fahrt eigentlich nur schreiend unterhalten, was aber kein Problem darstellte, weil lästige Radiogeräusche serienmäßig nicht vorgesehen waren. Experten schrieben zur Geräuschkulisse des Trabi etwas vornehmer in dem Klassiker «Ich fahre einen Trabant»: «Am Trabant klappert eigentlich immer etwas. (...) Dennoch sollte man recht bald feststellen, was eigentlich klappert, können sich dahinter doch ernstzunehmende Ursachen verbergen, die eine schnelle Abhilfe (um den Schaden nicht erst groß werden zu lassen) erfordern.» Darin findet man auch Hinweise wie diesen: «Unter wessen Fahrzeug es – womöglich noch bei schneller Fahrt – plötzlich poltert und dabei auch noch die rote Ladekontrollleuchte aufleuchtet, wird nach dem Anhalten bei einem Blick in den Motorraum mit Sicherheit feststellen, dass die Lichtmaschine verlorengegangen ist. Die Ursache ist darin zu suchen, dass ihre Befestigungsschrauben lange nicht auf festen Sitz kontrolliert wurden, sich darum infolge der Vibrationen des Motors lösten und schließlich herausfallen konnten.»

Die SED-Führung stand solchen Entwicklungen hilflos gegenüber. Honecker brachte es 1988 auf den Punkt. Man habe bis 1990 die Lösung des Wohnungsproblems «als soziale Frage» versprochen, aber nicht, dass jede Familie ein Auto habe.

58. Wozu schrieb man Eingaben? In der DDR existierte keine Verwaltungsgerichtsbarkeit und kein Petitionsrecht. Keine Entscheidung konnte nach rechtsstaatlichen Grundsätzen überprüft werden. «Die Partei, die Partei, die hat immer recht ...», wie es in einem der berühmtesten SED-Lieder hieß. Da sich viele Menschen damit aber nicht abfinden wollten, richteten sie dennoch an Partei- und Staatsinstitutionen, an Betriebe und Einzelpersonen «Eingaben», um sich zu beschweren, um Aufklärung über einen Sachverhalt zu erlangen, um auf einen Missstand hinzuweisen. Die Möglichkeit dazu war in den DDR-Verfassungen verankert, zunächst mittels Verordnungen präzisiert und seit 1975 in einem eigenen Gesetz garantiert worden.

Man schätzt, dass jährlich an Partei- und Staatsorgane zwischen 500 000 und einer Million Eingaben gerichtet wurden (nicht berücksichtigt sind die an andere Institutionen). Diese standen in der Tradition obrigkeitsstaatlicher Verhältnisse. Der Untertan wandte sich mit einem Begehren an den Fürsten, dieser entschied ohne Kontrollmöglichkeiten darüber, was zu tun sei. Die Mehrheit der Eingaben drehte sich um materielle und soziale Belange. Vor allem Wohnungsprobleme und Engpässe in der Bereitstellung von Konsumgütern standen im Mittelpunkt, aber auch die Forderung nach einem Telefonanschluss oder die Bitte, eine baufällige Straße endlich zu reparieren. Auf fast jede Eingabe folgte eine Eingangsbestätigung, das angesprochene Problem konnte aber nur bei einem Bruchteil behoben werden.

Es gab auch viele Eingaben, die als politisch gelten können. So ist im Umfeld von Wahlen oft gedroht worden, würde sich dieser oder jener Zustand nicht verbessern, so würde man nicht wählen gehen. Hier gab es die besten Chancen, Erfolg zu haben. Auch die vielen Eingaben, die den Wunsch nach einer Besuchsreise zu den Verwandten in der Bundesrepublik zum Ausdruck brachten, wurden von den staatlichen Stellen als politisch motiviert eingeschätzt.

Überdies gab es jedes Jahr Eingaben, die ganz eindeutig die politische Ablehnung des Systems bzw. einzelner seiner Erscheinungen zum Ausdruck brachten. Auf diese reagierte die SED meistens nicht einmal mit einer Eingangsbestätigung. Dafür interessierten sich nicht selten das MfS und die Justiz für den Absender.

Die meisten Eingaben sind nicht überliefert, sondern schon vor 1989 und unmittelbar nach 1990 vernichtet worden. Dennoch existiert hier ein interessantes Forschungsfeld, das Einblick in die gesellschaftlichen Zustände ermöglicht.

59. Wie lautete die Standardantwort eines Verkäufers?

Kommt eine Frau in ein Geschäft und fragt den Verkäufer: «Haben Sie Bettwäsche?» Der Verkäufer antwortet gelangweilt: «Wir haben keine Handtücher, keine Bettwäsche gibt es nebenan.» Die Alltagserfahrung der Menschen besagte, dass sie meist das nicht kaufen konnten, was sie gerade benötigten. Deshalb lautete auch die häufigste Antwort eines Verkäufers: «ham wa nich». Ganz viele antworteten irgendwann auch gar nicht mehr, sondern blickten gelangweilt und müde den Fragenden an und schüttelten nur, manchmal kaum sichtbar, den Kopf, rollten mit den Augen oder lachten einfach nur hysterisch los.

Dies führte dazu, dass sich die Menschen in Schlangen einreihten, ohne zu wissen, was es eigentlich geben würde, dass sie kauften, was als Mangelware galt, obwohl sie es selbst gerade gar nicht benötigten, und dass sie jede Woche mehrere Stunden damit zubrachten, immer wieder in die gleichen Geschäfte zu rennen, um nachzufragen, ob der begehrte Artikel endlich geliefert worden sei. Meist kamen sie dann auch noch zu spät: der gewünschte Artikel war zwar geliefert worden, aber in so geringen Stückzahlen, dass er längst wieder ausverkauft war. Das meiste wurde zudem von den Verkäufern «unterm Ladentisch» gehandelt und so für Verwandte, Freunde, gut zahlende Kunden bereitgehalten oder auf dem inoffiziellen Tauschmarkt gehandelt. Diese Verhältnisse haben viele Menschen permanent verärgert, dies um so mehr, da in den Medien fast immer das Gegenteil erklärt wurde. Man brauchte kein großer politischer Kopf zu sein, um den klaffenden Widerspruch zwischen SED-Propaganda und alltäglicher Wirklichkeit zu erkennen.

60. Warum musste man immer alles dialektisch sehen? Die gesamte Gesellschaft war von einem ideologischen Schulungssystem überzogen, dem sich fast niemand entziehen konnte. Nicht nur an Schulen, Hochschulen, Universitäten, in der Berufsausbildung, in der Armee oder den Parteien und Massenorganisationen gehörte die ideologische Indoktrination im Sinne des Marxismus-Leninismus zu den Erziehungszielen. Auch viele Berufsgruppen mussten sich ständig solchen Politschulungen unterziehen. Die Medien sollten dazu ebenso beitragen wie die organisierte Freizeit, die ständigen Massenaufmärsche, die allerorten herumhängenden Propagandalosungen und Wandzeitungen und vieles andere mehr.

Ziel war es, die Menschen mit kommunistischem Bewusstsein auszustaffieren, sie auf «Kurs» zu bringen, sie zu «klassenbewussten Staatsbürgern», zu «Verteidigern» der DDR zu erziehen. Das war auch deshalb nötig, weil selbst die Machthaber durchaus sahen, dass ihr System noch ein ganzes Stück von ihren theoretischen Heilsversprechen entfernt war. Viele Menschen sahen diese Lücke zwischen Anspruch und Realität nicht nur, sie begleiteten sie ganz oft mit «meckern» und «nörgeln». Die SED-Führung und ihre Adepten ermahnten deshalb ihr Volk unentwegt, so wie ein Fürst seine Untertanen ermahnt und nicht immer gleich die Peitsche benutzt. Von SED-Mitgliedern und Funktionären konnten die Menschen häufig hören, was sie sich auch gegenseitig aufmunternd zuriefen: «Das musst Du objektiv betrachten!»; «Es kommt auf den richtigen Standpunkt an!»; «Nur nicht dem Klassenfeind in die Hände spielen!», und: «Das musst Du dialektisch sehen!». Mit solchen Parolen konnte zwar die Realität nicht geändert werden. Aber die Rufenden hofften so, das Bewusstsein der Menschen zu ändern. Zwar hieß es bei Marx, wie jeder ständig hörte, das Sein bestimme das Bewusstsein, was irgendwie ja auch nicht falsch ist, aber auf die konkreten DDR-Verhältnisse angewandt fast zu einer subversiven Formel wurde. Deshalb benötigten die Funktionäre Durchhalteparolen, die Drohpotentiale enthielten und zugleich dem Einzelnen bedeuteten, nicht die Verhältnisse seien kritikwürdig, sondern die Kritik des Einzelnen an diesen. Zugleich konnte man mit ihnen jeden Unsinn und jedes Verbrechen erklären und ins Gegenteil drehen. Zumindest für die SED-Kader war Dialektik also eine ziemlich einfache Sache.

Kunst, Kultur, Sport

61. Was bedeutete «sozialistischer Realismus»?

Der «sozialistische Realismus» war ein Kunst- und Kulturstil, den die sowjetischen Kommunisten Anfang der dreißiger Jahre kreiert und verkündet hatten. Das politische Hauptziel bestand darin, die seit der Revolution weit ausdifferenzierte, avantgardistische Kunst und Kultur auf ein einheitliches ideologisches Fundament zu stellen und für den Dienst am Kommunismus zu instrumentalisieren. In der DDR ist der «sozialistische Realismus» seit Anfang der fünfziger Jahre propagiert worden. Die Künstler sollten auf dem Boden der leninistischen Theorie stehend, die Wirklichkeit der DDR-Gesellschaft abbilden, wobei die «Wirklichkeit» durch die Theoriebrille zu betrachten war. Das hieß konkret, dass durchaus die Darstellung von Widersprüchen erlaubt war, die aber immer optimistisch, zukunftsweisend aufgelöst werden sollten. «Sozialistischer Realismus» in Reinform war letztlich nichts anderes, als Kunst und Kultur in propagandistische Waffen («Kunst ist Waffe», hieß es fortwährend) umzuschmieden.

Die Bücher, Bilder, Gemälde, Plakate, Theateraufführungen, Plastiken und Filme, die sich diesem Ansatz verpflichtet fühlten und dafür finanziell großzügig gefördert wurden, sind kaum überschaubar. Nachhaltige Spuren haben sie allerdings kaum hinterlassen, obwohl in nicht wenigen ostdeutschen Städten noch heute solche heroischen Arbeiterdenkmäler stehen oder Reliefs vom historischen Kampf der Arbeiter künden. Daneben existierten immer Künstler, die sich nicht in den Dienst des SED-Staates stellten, sondern mit ihren individuellen künstlerischen Ausdrucksformen, ganz oft in der Tradition älterer oder moderner avantgardistischer Stilrichtungen stehend, Werke produzierten, die allein schon deshalb, weil sie sich nicht zum «sozialistischen Realismus» zuschlagen ließen, für Aufmerksamkeit sorgten. Die SED stand diesen Entwicklungen letztlich immer wieder hilflos gegenüber. Zwar verbot sie oft einzelne Kunstwerke oder vertrieb Künstler aus dem Land und wusste doch zugleich einen nicht kleinen anderen Teil von ihnen auf ihrer Seite. Aber genützt hat ihr dies wenig, weil sie weder den Geschmack der Lesenden und Schauenden nachhaltig beeinflussen noch die Mehrheit der Künstler dazu bringen konnte, ihr Werk den Prinzipien des «sozialistischen Realismus» unterzuordnen.

62. Wohin führte der «Bitterfelder Weg»?

1958 forderte Walter Ulbricht, dass die Arbeiterklasse nicht nur den Staat beherrschen solle, wie sie es seiner Meinung nach in der DDR bereits tat, sondern auch die Kultur bestimmen und so in den Dienst des Sozialismus stellen müsse. Im April 1959 organisierte der Mitteldeutsche Verlag eine Konferenz im Kulturhaus des VEB Chemiewerkes Bitterfeld. Autoren und Arbeiter sollten künftig zusammenarbeiten. «Bitterfelder Weg» hieß, Schriftsteller weiten ihr Bewusstsein, indem sie sich in Betrieben als Arbeiter verdingen. Zugleich unterstützen sie «schreibende Arbeiter», die sich in Zirkeln zusammenschließen und neuartige Kunstwerke über den Arbeitsalltag und überhaupt alles Schöne in der DDR verfassen.

Der «Bitterfelder Weg» war eine Sackgasse. Kaum ein Künstler zeigte sich gewillt, den häuslichen Schreibtisch gegen eine Werkbank einzutauschen. Und die Bewegung «schreibender Arbeiter» blieb – wenn auch bis ganz zuletzt großzügig gefördert – ohne Substanz und Gewinn, weil sich kaum Leser fanden, die sich mit diesen unrealistischen und platten Schilderungen im Namen des «sozialistischen Realismus» ihre Freizeit verderben wollten. Der «Bitterfelder Weg» ist zwar schon Mitte der sechziger Jahre nicht mehr lauthals propagiert worden, blieb aber als Zielvorstellung bis 1989 in den Köpfen der Kulturfunktionäre präsent.

63. War die DDR ein «Leseland»?

SED-Kulturfunktionäre haben die DDR gern und häufig als «Leseland» bezeichnet, so häufig, dass irgendwann fast alle davon als einer unumstößlichen Tatsache ausgingen. Allerdings hat niemand öffentlich fragen können, warum dies eigentlich so sei. Dass viele Bücher nur schwer zu haben waren, lag ja nicht nur an der Nachfrage, sondern an viel zu geringen Auflagenhöhen wegen Papierknappheit oder meist daran, dass viele Bücher gar nicht verkauft und vertrieben werden durften. Es herrschte vierzig Jahre lang Zensur. Sie wurde zwar so nicht genannt («Genehmigungsverfahren»), aber fast jeder wusste, dass es sie gab.

Die Zensurpraxis in der DDR war Bestandteil der Erziehungs- und Informationsdiktatur. Sie erstreckte sich auch auf die Bibliotheken, die sich in zugängliche und nicht-zugängliche Bereiche gliederten. In den nicht-zugänglichen Sektoren standen sogenannte Giftschränke, die jene Bücher beherbergten, die nur mit speziellen Erlaubnisscheinen «benutzt» werden durften. Der DDR-Index war lang. Niemand hatte einen genauen Überblick, weil – so paradox und doch systemlogisch es auch klingen mag – gar keine Buchverbotslisten existierten. Was heute indiziert war, konnte morgen unter Umständen für jedermann zugänglich und übermorgen wieder verboten sein. Und dennoch wusste jeder, was erlaubt, was «heiß» und was verboten war.

In der DDR sind viele Bücher publiziert worden, von DDR-Autoren, von Klassikern, von zeitgenössischen Autoren aus dem Osten, dem Westen, aus Afrika wie Amerika. Es gab viele Bücher, noch mehr Bücher aber gab es nicht. Viele Leseratten wollten allein schon deshalb einmal in den Westen fahren, um einen richtigen Buchladen und eine frei zugängliche Bibliothek beschnuppern, die Buchrücken streicheln zu können. Insofern war die DDR schon ein «Leseland», aber ganz anders als die Herrschenden sich dies vorstellten. Viele Buchliebhaber führten eigene Kladden, in denen sie all jene Werke eintrugen, die sie einmal besitzen oder wenigstens einmal gelesen haben wollten. Diese Heftchen waren meist dick und Zeichen unendlicher Traurigkeit und Ohnmacht.

Im «Leseland» gab es aber tatsächlich eine besondere «Lesekultur». Die Menschen nannten diese «zwischen-den-Zeilen-lesen». Diese Volkssportart war denkbar einfach: Sätze, Meldungen, Gedanken – alles was aufgeschrieben und öffentlich gesagt wurde – sind mit dem Nichtgesagten, aber Gemeinten in einen Zusammenhang gestellt worden und schon hatte man eine politische Botschaft gefunden. Viele Schriftsteller haben nach eigener Aussage unter diesen Umständen gelitten, weil ihre Werke oft genug als politische Statements missverstanden wurden.

Erst nach 1990 aber ist vielen Menschen bewusst geworden, dass sie doch nicht in einem besonderen «Leseland» lebten. Im relativen Vergleich zur Bundesrepublik war die Verlagslandschaft – freundlich ausgedrückt – etwas unterentwickelt und die Buchproduktion blieb bescheiden. Es dürfte kaum Bibliophile geben, die dem angeblichen «Leseland» DDR hinterher trauern, aber eigentlich auch keinen anderen Buch- oder Lesefreund, sofern er es nicht mag, dass andere ihm vorschreiben, was er zu lesen hat und was nicht.

64. Was war die «zweite Kultur»? Die SED versuchte, den gesamten Kulturbetrieb in der DDR zu organisieren, zu verwalten, zu beherrschen. Sichtbarstes Zeichen dafür waren die «Genehmigungsverfahren», die Zensur. Diese Herrschaftsansprüche ließen sich in der gesellschaftlichen Realität nur bedingt durchsetzen. Zwar reagierte die SED auf Unbotmäßiges mit Einschüchterung, Drohgebärden, mit politischer Verfolgung und Gefängnisstrafen – hunderte Künstler verließen zudem die DDR. Aber dennoch gab es zu jeder Zeit Künstler und Künstlerinnen, die sich nicht einschüchtern, die sich nicht «auf Linie» bringen ließen und die versuchten, eigene künstlerische Wege zu gehen. Das wohl berühmteste Beispiel dafür war Wolf Biermann, der seit 1965 verboten war, nicht mehr öffentlich auftreten durfte, und der dennoch ungemein kreativ blieb, im Westen Platten und Bücher publizierte und dessen Wohnung in der Ostberliner Chausseestraße zu einem Treffpunkt nonkonformer Menschen, darunter vieler Künstler, wurde. Nach seiner Ausbürgerung in die Bundesrepublik 1976 folgten ihm viele. Zugleich begannen Künstler in vielen Städten nun intensiver als zuvor, unabhängig von staatlicher Bevormundung und offiziellen Verbänden zu arbeiten. Vielerorts gab es in Privatwohnungen Lesungen mit mehr als hundert Teilnehmern. Unabhängige Theater (meist ohne feste Bühnen) etablierten sich. Auch Filmkünstler führten ihre Super-8-Filme auf. Diese «zweite Kultur» etablierte eine Bohemekultur, die sich nicht nur in Städten entfaltete. Viele Unangepasste zogen in ländliche Gebiete, wo sie sich auf halbverfallenen Höfen niederließen. Neben der Literatur entwickelte sich vor allem in der Musik eine subversive Gegenkraft zum offiziell Geförderten. Musiker mussten sich in der DDR eigentlich einer Prüfung unterziehen, um eine «Pappe» (Spielerlaubnis) zu erhalten. In den siebziger und achtziger Jahren unterwanderten immer mehr Rockmusiker, Punkmusiker oder Liedermacher diese Vorgaben und spielten einfach in Kellern, auf Hinterhöfen, in Kirchen oder in anderen Räumen munter drauf los. Spielverbote wurde oft umgangen, indem die Band einen neuen Namen annahm oder einzelne Musiker unter Pseudonymen auftraten. Das ging bis zum nächsten Verbot und alles begann von vorn. Zwar gab es auch noch in den achtziger Jahren Gefängnisurteile, aber der Staat zeigte sich zunehmend ohnmächtig und ließ die Unangepassten immer mehr gewähren.

Neben kursierenden Tapes waren das sichtbarste und auch heute noch existierende Zeichen dieser «zweiten Kultur» Publikationen in geringer Auflagenhöhe im Selbstverlag, die nach dem russischen Vorbild «Samisdat» genannt werden. Nicht nur Einzelpublikationen, sondern auch Reihen und Zeitschriften sind so in Ost-Berlin, Leipzig, Dresden und anderen Städten «im Untergrund» herausgekommen.

Diese unabhängige Literatur- und Künstlerszene brachte in den achtziger Jahren insgesamt 30 graphisch-literarische Kleinzeitschriften und über 100 originalgraphische Künstlerbücher heraus. Gedruckt wurden Letztere überwiegend in privaten Künstlerwerkstätten. Diese Publikationen überschritten zumeist nur in ästhetischer und nicht in politischer Hinsicht die Grenzen des offiziell Zugelassenen. Durch ihre geringe Auflagehöhe war ihr Wirkungskreis beschränkt. Dennoch zählte das MfS auch diesen Samisdat zum «politischen Untergrund».

65. Was war auf den Theaterbühnen zu sehen? In der DDR existierten 1988 rund 200 Theaterbühnen, die von knapp zehn Millionen Besuchern frequentiert wurden. Obwohl die Anzahl der Spielstätten stetig anstieg, hatte sich die Zahl der Besucher zwischen 1960 und 1980 fast halbiert und blieb dann annähernd konstant. Für diese Entwicklungen war der Siegeszug des Fernsehens verantwortlich. Seit Mitte der siebziger Jahre verfügte fast jeder Haushalt über ein Empfangsgerät, in den achtziger Jahren standen statistisch in jedem zwei Geräte. Auch wenn die Bedeutung von Theater (und Kino) zurückging, so blieben sie doch aufgrund der niedrigen Eintrittspreise für fast alle erschwinglich.

Das berühmteste Theater war das «Berliner Ensemble», das 1949 von Bertolt Brecht und Helene Weigel gegründet wurde und seit 1954 im Theater am Schiffbauerdamm untergebracht ist. Aber auch das «Deutsche Theater» zählte zu den überregional und international beachteten. Klassikeraufführungen fanden sich hier ebenso wie moderne Stücke.

Theater waren keine Horte der Opposition, aber Zentren kritischen Denkens. Das bildete sich in den achtziger Jahren in vielen Spielplänen ab. Stücke einheimischer Autoren wie Christoph Hein, Heiner Müller oder Volker Braun trafen den Zeitgeist der krisengeschüttelten Gesellschaft. Hinzu kamen aufrüttelnde Aufführungen von Stücken sowjetischer, westeuropäischer oder nordamerikanischer Autoren, die den ostdeutschen Zeitgeist trafen. Dass auch an den Theatern die Grenzen immer weiter ausgedehnt wurden, politisch Unbotmäßiges auf die Bühne gebracht wurde und selbst Verbote nur zu temporären Blockaden führten, zeigte sich daran, dass jahre- oder jahrzehntelang untersagte Stücke in den achtziger Jahren zur Aufführung kamen. Sinnbildlich dafür steht die Inszenierung von Becketts «Warten auf Godot» 1987 am Dresdner Staatsschauspiel. Das Stück schrieb der irische Schriftsteller 1948/49; erstmals ist es 1953 in Paris, wo Beckett lebte, gespielt worden. Der dem französischen Widerstand gegen die Nazis zugehörige Beckett galt in der DDR viele Jahre als Sinnbild bürgerlicher Dekadenz. Die Dresdner Aufführung war daher eine kleine Sensation. «Godot» schien hier für die Verheißung kommunistischer Ideale zu stehen, man wartete und wusste nicht genau, worauf eigentlich. Die eigene Passivität geriet zur Groteske. Aber nicht nur solche Inszenierungen, auch Klassikeraufführungen wurden vom Publikum wie von Schauspielern zeitaktuell aufgefasst und rezipiert. Als Friedo Solter 1986 am Deutschen Theater Goethes «Egmont» mit dem jungen Ulrich Mühe in der Hauptrolle inszenierte, waren sich die meisten Zuschauer wie die bundesdeutsche Kritik darin einig, dass das Besondere der Inszenierung und der schauspielerischen Leistung in den unverkennbar kritischen Gegenwartsbezügen liege.

Die Theater wurden nicht zufällig im Herbst 1989 ein wichtiger Ort der Geschehnisse. Schauspieler organisierten Demonstrationen und Kundgebungen mit, auf den Bühnen wurden politische Forderungen verlesen, die Spielpläne wurden den aktuellen Bedürfnissen angepasst und die Theater öffneten ihre Türen für öffentliche, gesellschaftspolitische Diskussionen.

66. Wie sah «sozialistische Baukunst» aus? Die «sozialistische Baukunst» war vielschichtig. Moderne Architekturideen, die meist aus der Zwischenkriegszeit stammten, sind vielfach entwickelt, aber nur ganz selten realisiert worden. Erstaunliche Pläne, wie sie damals auch in Westeuropa oder Nordamerika heftig debattiert wurden, sind an den Reißbrettern entworfen worden. Finanzielle Engpässe und der notwendige Pragmatismus beim Wiederaufbau standen der Umsetzung solcher Ideen fast immer entgegen.

Die kriegsbedingte Zerstörung zahlreicher Innenstädte veranlasste die SED-Führung Anfang der fünfziger Jahre ein sozialistisches Aufbauwerk in Gang zu setzen, das sich durch großzügige Magistralen, wuchtige Wohnbauten mit modernem Komfort und einer guten Infrastruktur auszeichnen sollte. Die so genannten Stalin-Bauten (neoklassizistisch) prägten die Innenstadt etwa von Magdeburg oder die berühmte Stalinallee, seit 1961 Karl-Marx-Allee, im Ostberliner Zentrum. Später sind neue Innenstädte errichtet worden, die sich durch Funktions- wie Wohnbauten gleichermaßen auszeichneten, die auf großzügig gestalteten Plätzen mit viel Grün und Licht stehen sollten. Die sozialistischen Innenstädte sollten programmatisch das Alte verdrängen und so vom Aufbau der neuen Gesellschaft künden, was durch die industrielle Plattenbauweise noch «untermauert» wurde. Die wenigsten Pläne konnten umgesetzt werden, ein Beispiel wäre die Umgebung des Alexanderplatzes in Ost-Berlin. Jede Bezirkshauptstadt sollte zudem einen charakteristischen Neubau erhalten. In Leipzig kündet ein Hochhaus in Form eines aufgeschlagenen Buches von der Buchstadt, in Jena ist ein Hochhaus in Form eines Fernrohrs errichtet worden. Die sozialistische Musterstadt Eisenhüttenstadt (bis 1961 Stalinstadt) wurde komplett neu errichtet. Ähnliche Vorzeigefunktionen erfüllten Hoyerswerda, Halle-Neustadt, Schwedt oder Berlin-Marzahn.

Hauptkennzeichen war ab den sechziger Jahren eine standardisierte, auf Betonfertigteilplatten basierende Bauweise. Überall entstanden seither teilweise riesige Neubaugebiete, nicht selten am Rande der alten Städte, so dass inoffiziell von Trabantenstädten die Rede war. Häufig fanden die Bewohner nur eine sehr unzureichende Infrastruktur vor. Zunächst sollte das Wohnungsproblem mittels industrieller Fertigungstechnik gelöst, dann die sozialen Annehmlichkeiten geschaffen werden. Die Wohnbauten glichen sich im ganzen Land. Aber solche Gebiete entstanden nicht nur in Städten, auch zahlreiche Dörfer erhielten Fertigteilgebäude, und ein Großteil der «FDGB-Erholungsheime» in gerade landschaftlich sehr reizvollen Gegenden sind mit Fertigteilen errichtet worden, so dass diese Gegenden einen Teil ihrer Reize verloren.

67. Was sahen die DDR-Menschen, wenn sie fernsahen? 1952 begann das Fernsehen in der DDR mit einem Versuchsprogramm. Es gab nur wenige Dutzend Empfangsgeräte. Seit Anfang 1956 wurde dann offiziell gesendet, 1969 kamen ein zweites Programm sowie die ersten Farbsendungen hinzu. 1961 verfügte ein Viertel aller Haushalte über ein Fernsehgerät, 1965 waren es bereits mehr als die Hälfte und seit Ende der siebziger Jahre stand statistisch in jeder Wohnung eine Glotze. Fernsehen wurde auch in der DDR sehr geschätzt. Allerdings anders, als die Funktionäre sich das gedacht hatten: die «Haussender» waren denkbar unbeliebt.

Angeboten wurden fast alle Sendeformate, die auch im Westen üblich waren. Es gab einige gern und viel gesehene Sendungen wie «Außenseiter – Spitzenreiter» (mit skurrilen Hobbys und Sammelleidenschaften), das «Sandmännchen» (für Kinder), «Ein Kessel Buntes» (mit internationalen Unterhaltungskünstlern), «Willi Schwabes Rumpelkammer» (mit alten Filmsequenzen), «Prisma» (mit kritischen Beiträgen zum Alltag), «Telelotto», «Die Flimmerstunde» (Kinderspielfilme) und natürlich Sportsendungen.

Medien dienen dem Zweck der Information. Im Namen der SED und unter ihrer Anleitung waren die Medien Teil der Desinformationskampagne. Einmal wöchentlich sind alle Chefredakteure im ZK der SED über die neuesten medienpolitischen Richtlinien und Schwerpunkte informiert worden. Die Medien gehörten zu den «schärfsten Waffen der Partei».

Wollte man etwas über die Verhältnisse in der DDR erfahren, kam man nicht umhin, bundesdeutsche Fernseh- und Radiosender einzuschalten. Aber nicht nur Informationen, auch die Unterhaltungsprogramme, Serien, Kinderprogramme oder die Spielfilmangebote der westlichen Fernsehanstalten waren für die meisten Menschen weitaus attraktiver als die Angebote des DDR-Senders. Ein ganz geringer Teil der DDR-Bevölkerung (schätzungsweise weniger als 1 Prozent der Erwachsenen) hat aus politisch-ideologischen Gründen bewusst darauf verzichtet, bundesdeutsche Sender einzuschalten. Einige Regionen im Nordosten und Südosten (Volksmund: «Tal der Ahnungslosen») waren vom Westempfang aufgrund mangelnder Senderreichweite ausgeschlossen. Vielerorts sind deshalb in den achtziger Jahren – meist illegal – kostspielige Gemeinschaftsantennen errichtet worden. Nur in Ost-Berlin zählte seit Herbst 1976 die Möglichkeit, bundesdeutsche Fernsehsender über Gemeinschaftsantennen in Neubauwohnungen zu empfangen, zum «Ausstattungsstandard». Um die DDR-Gesellschaft historisch zu verstehen, ist nicht nur die Berücksichtigung der Bundesrepublik allgemein, sondern besonders die ihrer Medien unerlässlich. Kaum etwas anderes hat sie so geprägt und beeinflusst, wie die allabendliche Massenausreise via Knopfdruck.

68. Gab es Hippies, Punks und Skins? Jugendkulturen kannten im Zeitalter des Eisernen Vorhangs keine staatlichen Grenzen. Die Grenzen, an die sie stießen, waren zunächst in Ost und West kulturhistorisch die gleichen. Im Osten war die Duldung subkultureller Bewegungen immer erst möglich, nachdem sie zeitweise scharf verfolgt, kriminalisiert und kulturell geächtet wurden. Offiziell anerkannt wurden sie nie. Das korrespondierte zumeist mit dem «gesunden Volksempfinden», das auf zerfetzte Parkas, lange Männerhaare, enge Lederklamotten, BH-freie Frauen, selbst genähte Klamotten oder schrille, laute, unverständliche Musik allergisch reagierte und nach dem Interventionsstaat rief.

In der DDR existierten dieselben subkulturellen Jugendbewegungen wie im Westen. Vor allem nach dem Mauerbau entwickelten sie sich jedoch meistens mit zeitlicher Verzögerung. Aber die Mauer war nicht hoch genug, um diese Einflüsse abzuhalten. Hippies, Blueser, Punks, Skins, Popper und viele andere lebten in der DDR und hatten oft mit Verfolgungen durch den Staat zu kämpfen. Fielen sie doch aus dem vorgegebenen Einheitstrott heraus und zeigten durch ihre Kultur an, sich nicht in das betongraue System einfügen zu wollen. Nur die Evangelischen Kirchen haben sich bereits Anfang der siebziger Jahre dieser vom SED-Staat geächteten Jugendlichen angenommen und das Konzept von der «Offenen Arbeit» entwickelt. Sie boten jenen, die aufgrund ihres Andersseins nicht in die offizielle Jugendpolitik passten oder sich bewusst von dieser absetzten, einen Raum zur Selbstverwirklichung. In den achtziger Jahren reichten diese Räume nicht mehr aus, ein nicht geringer Teil der Jugendlichen und jungen Erwachsenen verabschiedete sich vom Zukunftsprojekt DDR. Punks, Skins, Rocker, Blueser, Popper, Blumenkinder, Gruftis, Heavy Metals, Ökofreaks, Peacer und was sonst noch immer gehörten zu den alltäglichen Erscheinungen urbaner Ballungsräume. All diese Aussteiger blieben prozentual eine kleine Minderheit, denn viele andere Jugendliche marschierten weiter im Gleichschritt mit, zuletzt symbolisch zu besichtigen am 6. Oktober 1989 beim Fackelzug der FDJ in Ost-Berlin. Dort jubelten mehr junge Menschen als bei den oppositionellen Gegendemonstrationen. Aber: im Laufe der achtziger Jahre wandten sich immer mehr offen vom System ab. Die Kampfreserve der Partei, wie die aktiven FDJler bis zuletzt genannt wurden, schwand zusehends dahin. Der DDR-Sozialismus verlor in den achtziger Jahren die Jugend und damit seine Zukunftsbasis.

69. Wurden die Puhdys «Alt wie ein Baum»? Die Rockgruppe «Puhdys» gilt vielen als Synonym für «Ostrock». Noch vor 1961 triumphierten im Osten der zunächst offiziell verpönte Rock'n'Roll sowie der Bebop. Ab Mitte der sechziger Jahre war auch die ostdeutsche

Jugend vom Beat- und Rockvirus erfasst. Immer wieder versuchte die SED-Führung westliche Kulturströmungen zu verbieten, zu unterdrücken – und scheiterte damit aber stets. Zunächst war der Jazz geduldet, dann geächtet und schließlich in den siebziger und achtziger Jahren ein Exportschlager. Auch die Rockmusik stand anfangs in der Kritik des SED-Staates. Die Musik war für die Genossen unerträglich, die Texte, nicht nur weil sie zunächst Englisch waren, unverständlich. Verbote grassierten, englische Bandnamen wurden Ende der sechziger Jahre zeitweise untersagt und die berüchtigte 60:40-Regel für alle öffentlichen Aufführungen einschließlich Tanzveranstaltungen eingeführt: 60 Prozent der öffentlich aufgeführten Musik musste aus der DDR bzw. Osteuropa kommen, 40 Prozent durften westliche Übernahmen sein. Daran gehalten haben sich fast nur die Radio- und Fernsehsender, sehr selten DJs (offiziell: «Plattenunterhalter»). Die in der DDR in der zweiten Hälfte der sechziger Jahre entstandenen Bands haben vorrangig die Musik ihrer westlichen Idole nachgespielt. Auch die Puhdys, die im November 1969 ihr erstes Konzert in Freiberg gaben, unterschieden sich darin zunächst kaum von anderen Bands. Das MfS und die Volkspolizei hatten alle Hände, Augen und Ohren voll zu tun. Es nützte nichts. Sie konnten verbieten, verfolgen, verhaften, bestrafen: es wurden immer mehr Bands und die Nischenbewegungen Rock- und Blueskultur zu einer Massenbewegung, der sich in den siebziger und achtziger Jahren dann nicht einmal mehr SED und FDJ verschließen konnten.

Die Puhdys hatten mit diesen Entwicklungen in den achtziger Jahren nicht mehr sehr viel zu tun. Ihre große Zeit lag in den Siebzigern. Kulturhistorisch bedeuteten sie für den Osten das, was Udo Lindenberg zunächst für den Westen war: Rockmusik mit deutschen Texten verbunden zu haben. Lindenberg wurde populär, weil er sich gegen den Mainstream stellte. Die Puhdys aber sangen Deutsch, weil allein dies in der DDR Aussicht hatte, medial erfolgreich zu sein. Und sie haben tatsächlich alle DDR-Superlative gesprengt: Plattenproduktionen mit erstaunlichen Verkaufszahlen, ungezählte Fernsehauftritte, tausende Konzerte und Gigs in ganz Europa. Und sie besaßen in der DDR eine Popularität, die irgendwann auch über die innerdeutsche Grenze schwappte. Die Puhdys haben etwas geschafft, was nur wenigen Bands vergönnt ist: Sie brachten Lieder heraus, die buchstäblich jeder und jede kannte. Ihre Lieder «Geh zu ihr» und «Wenn ein Mensch lebt» sind legendär geworden. Ihren Ohrwurm

«Alt wie ein Baum» (1977) kann fast jeder Ostler mitträllern. Die Puhdys sind selbst zur Legende geworden, zu einer Art Kulturgut, ob man es nun gut findet oder nicht. Und sie singen und rocken immer noch.

In den achtziger Jahren entwickelte sich in der DDR eine neue Musikszene. Kennzeichnend war, dass zwischen Musikern und Fans keine Gräben existierten, sondern beide ähnlich lebten und dachten. Die Texte waren aufrührerisch und hatten nichts mehr mit dem «guten sozialistischen Geschmack» gemein. Die Bandnamen dieser Gruppen zeigten bereits an, dass sie nicht gewillt waren, im Gleichschritt der verordneten Kulturpolitik mitzumarschieren. So hießen sie zum Beispiel: «Arbeitsgeil», «Arschlos», «Antitrott», «Der Expander Des Fortschritts», «die anderen», «Die Firma», «Feeling B», «Ostfront», «Herbst in Peking», «Wutanfall» oder «Zwecklos». Solche Bands versprühten im oft so trostlosen Kommunismus à la DDR Spaß, Freude und vor allem die Sehnsucht nach grenzenloser Freiheit. Die kleine, aber stetig wachsende Schar Gleichgesinnter wusste diese Punkkomik zu lieben und die knallharten, systemsprengenden Texte zu würdigen. Aber es gab auch von offiziell anerkannten Bands in der Endphase der DDR viele kritische Lieder, die sogar auf LPs veröffentlicht wurden. «City» textete 1987: «Im halben Land und der zerschnittenen Stadt,/ halbwegs zufrieden mit dem, was man hat/ Halb und halb.» «Pankow» beklagte 1988 «Langeweile», «zu lange das gleiche Land gesehen», «zu lange die alten Männer gehört» und sang zudem «er will anders sein». «Silly» beobachtete gar Anfang 1989: «Auf der Brücke steht der Kapitän und keiner darf beim Kompass stehn» und beklagte: «wir haben nur die Schlüssel zur Waffenkammer noch nicht».

70. Warum war die «Olsenbande» so beliebt? Die SED-Kulturpolitik versuchte immer wieder, Einflüsse des Westens zurückzudrängen: Hollywood-Filme galten lange Zeit als Schund, kamen in den siebziger und achtziger Jahren aber immer häufiger in die Kinos und auch auf die Mattscheibe; westliche Musik und Literatur sind zunächst ebenfalls nur sehr vorsichtig verbreitet worden, aber auch hier wurde in den siebziger und achtziger Jahren das Angebot breiter, selbst Superstars wie Bob Dylan, Joe Cocker oder Bruce Springsteen konnten 1987/88 vielumjubelte Open Air-Konzerte in der DDR geben. Etwa 100 LPs von Rock- und Popstars brachte das Staatslabel

Amiga als Lizenzübernahmen heraus – sehr, sehr wenig, aber besser als gar nichts. Comics und Zeichentrickfilme galten als besondere Ausgeburt amerikanischer Dekadenz, dennoch sind in der DDR aus eigener bzw. osteuropäischer Produktion Nachahmungen gedruckt und gedreht worden. Besonders erfolgreich und originell war die monatliche Comiczeitschrift «Mosaik» (1955–75, 223 Ausgaben), deren Originale heute erstaunliche Sammlerpreise erzielen.

Eine westliche Spielfilmproduktion brachte es in der DDR zu einem besonderen Kultstatus. Das war zunächst erstaunlich, weil sie offiziell gezeigt wurde und in der Bundesrepublik kaum bekannt war. Denkbar schlechte Voraussetzungen eigentlich, da von vielen Menschen das offiziell zugelassene schon aus Prinzip abgelehnt wurde. Praktisch jeder aber kannte in der DDR die «Olsenbande», eine große Mehrheit liebte diese insgesamt 13 dänischen Spielfilme (1968–1981). Nur in Dänemark selbst (und abgeschwächt in Polen) feierten die Filme ähnlich große Erfolge. Die Komödien bauten jeweils auf einem ähnlichen Muster auf. Gangsterchef Egon Olsen kommt zu Beginn der Handlung aus dem Gefängnis. Davor warten seine beiden Kumpane Benny und Kjeld, später auch noch dessen Sohn Børge. Egon bringt einen neuen Plan mit, meist saß er mit einer hochgestellten Person aus der Regierung, einem Bankier oder einem Anwalt zusammen in der Zelle. Sie fahren zu Kjeld nach Hause, wo sie von dessen hysterischer Ehefrau Yvonne erwartet werden, die einerseits von Mallorca und Reichtum träumt, andererseits immer von den Dingen des Alltags voll in Anspruch genommen ist. Am Ende des Films fährt Egon wieder ein, seine beiden Freunde bleiben aus unerfindlichen Gründen stets vom Gefängnis verschont. Die Gegenspieler der Olsenbande sind die Großen und Mächtigen, denen sie unaufhörlich ein Schnäppchen schlagen. Die Polizei rangiert irgendwie dazwischen, der eine Polizist findet Betriebsfeste wichtiger als Verbrecherjagd, der andere ist eifrig, sein Tatendrang kennt keine Grenzen. Allein die Dialoge der Polizisten hätten zum Kultstatus gereicht.

Egon ist ein ewiger Verlierer, den nichts umbringt, der immer wieder aufsteht, nie seinen Optimismus verliert, allen die Worte im Munde umdreht und irgendwie immer Recht behält – bis er doch wieder im Knast sitzt. Der dicke Kjeld sorgt sich vor allem um seine Ehefrau, ist ängstlich, aufgeregt, das Antibild eines Kriminellen, der sich nur aus der Not heraus, und weil er seine Freunde nicht im Stich lassen will, an den Coups beteiligt. Der schlaksige Benny hingegen sieht schon mit seinen Hochwasserhosen wie ein stereotyper Kleinkrimineller aus. Er bekommt jedes Schloss auf. Eine eigene Meinung scheint er nie zu haben, stimmt immer Egon zu, ohne dabei Kjeld wirklich zu widersprechen. Er ist das Bindeglied. Kult war sein ständiger Ausspruch «Mächtig gewaltig!», womit er auf jede Idee Egons und jeden kleinen Erfolg reagierte. Im dänischen Original hieß es etwas weniger fein «scheiß-gut». Auch dass er immer wieder mal ein Sexheftchen zur Hand hat, das man aber nie wirklich sieht, und so auch mal etwas «Schlüpfriges» im Film zu erahnen war, trug zur Popularität bei. Die Verbrecherkomödie, ein Genre, das es in der DDR praktisch nicht gab, übte sich zudem in anderen Tabubrüchen, zumindest für DDR-Zuschauer: mal brach die sympathische Bande in Regierungsgebäude ein, mal drang sie in militärisches Sperrgebiet ein, zuweilen munkelte Egon über Geheimdienste und transnationale Verbindungen.

Das Besondere an der Olsenbande war aber etwas anderes: sie erwiesen sich als Meister der Improvisationskunst, legten sich mit den Mächtigen der Welt an, hatten ständig Träume, die sie nicht verwirklichen konnten, und sahen lange Zeit wie die Sieger aus, um am Ende doch noch zu verlieren. Selbst ihr Auto erinnerte viele DDR-Menschen ans eigene Gefährt: es war alt, verrostet und blieb einfach stehen, meist fehlte Benzin. Egons Pläne waren so einfach wie genial. Mit einfachsten Mitteln und Materialien, deren Sinn sich den Zuschauern erst im Laufe der Zeit erschloss, tricksten sie alle und jedes und schließlich regelmäßig auch sich selbst aus. Irgendwie schienen diese dänischen Komödien im übertragenen Sinne für viele Ostdeutsche aus dem Schoß ihrer eigenen Gesellschaft entsprungen zu sein.

71. Warum trugen die erfolgreichsten DDR-Diplomaten Trainingsanzüge?

Bereits in den fünfziger Jahren bemühte sich die SED-Führung, den Leistungssport großzügig zu unterstützen. Der Breitensport stand nie in ihrem Blickfeld. Modernsten Sportanlagen, Sportschulen für den Nachwuchs, wissenschaftlichen Trainingsmethoden, einer eigenen Sporthochschule für den Leistungssport standen heruntergekommene Anlagen für den Breitensport gegenüber. Dies hat in den achtziger Jahren viele Menschen geärgert, zugleich waren viele auf die Erfolge ihrer Sportler und Sportlerinnen stolz. Vor allem die olympischen Disziplinen sind gefördert worden, weniger die Mannschaftssportarten, sondern stärker jene Felder, auf denen viele Medaillen zu gewinnen waren: Schwimmen, Leichtathletik, Rudern, Kanu, Radsport, Rodeln, Turnen, die Nordischen Skidisziplinen. Auch der Fußball ist großzügig unterstützt worden. Hier konnte die DDR-Auswahlelf zwar Olympiasieger werden und mehrfach Medaillenränge belegen, aber sich nur für ein WM-Turnier qualifizieren – 1974 in der Bundesrepublik, wo sie spektakulär gegen den späteren Weltmeister mit 1:0 gewann.

Offiziell galt der Profisport als Ausgeburt kapitalistischen Kommerzdenkens. Tatsächlich genossen die Leistungssportler der höchsten Kategorie praktisch den Status von «Staatsamateuren» – sie konnten den ganzen Tag Sport treiben, standen aber offiziell in einem Arbeitsverhältnis mit staatlichen Einrichtungen oder Großbetrieben. Wie nach 1990 herauskam, wie aber viele auch schon vor 1990 sahen und hörten, betrieb die SED ein geheimes Staatsdopingprogramm – auf höchstem Niveau.

Die ersten großen internationalen Erfolge der DDR-Sportler gab es 1956 bei den Olympischen Spielen. Erst ab 1968 waren zu den Spielen zwei deutsche Mannschaften zugelassen. Bis 1964 marschierten sie hinter einer gemeinsamen Fahne ein und bei der Siegerehrung wurde Beethoven statt einer Staatshymne abgespielt. Die Erfolge der Sportler bei den Spielen sowie bei den Welt- und Europameisterschaften vieler Disziplinen machten die DDR weltweit bekannt wie es sonst nur noch die Mauer mit ihren Toten schaffte. Die vielen Siege der Sportler auch gegen sowjetische Athleten hielt folgender Witz fest, der zugleich die Abhängigkeit der DDR von Moskau zum Ausdruck brachte: Die sowjetische Regierung schickte folgendes Eiltelegramm an die Führung nach Ost-Berlin: «herzlichen glückwunsch zum neuerlichen sieg – stopp; erdgas – stopp; erdöl – stopp.» Gerade weil die sportlichen Erfolge erheblich zum Imagegewinn beitrugen – die DDR galt in den siebziger und achtziger Jahren den viel größeren Ländern USA und UdSSR als ebenbürtig – bildete die Sportförderung eine wichtige Säule der SED-Politik, insbesondere ihrer Außenpolitik. Die Sportler, die im Ausland an den Start gingen, wurden denn auch häufig als «Diplomaten in Trainingsanzügen» bezeichnet. Sie haben zur de facto Anerkennung der DDR mehr beigetragen als die eigentlichen Diplomaten. Und anders als diese Funktionäre waren sie auch in der DDR selbst anerkannt, beliebt und geachtet.

72. Wer war der beliebteste Sportler? Glaubt man den Umfragen, so war dies eindeutig der Radrennsportler Gustav-Adolf Schur (geb. 1931), bekannt als «Täve». Er schien alle Tugenden aufzubringen, die in der DDR in den fünfziger Jahren gefragt waren: fleißig, erfolgreich, bescheiden, strebsam, anpassungsfähig, unterwürfig und seine Fähigkeiten in den Dienst des Kollektivs stellend. Als der zweimalige Straßenradweltmeister der Amateure sich 1960 anschickte, zum dritten Mal in Folge Weltmeister zu werden, schien seine Popularität kaum noch überbietbar zu sein. Er wurde zum vielfach gekrönten Helden – weil er «nur» Vizeweltmeister auf dem legendären Sachsenring bei Hohenstein-Ernstthal wurde. Offiziell überließ er einem Mannschaftskameraden den Sieg. Die Frage, ob Täve diesem wirklich uneigennützig den Vortritt ließ oder aber ob er am Ende seiner Kräfte war, hat die Radsportfreunde jahrzehntelang beschäftigt und gespalten.

Schurs Popularität speiste sich aber nicht nur aus den Weltmeisterschaftsrennen und olympischen Medaillen, sondern noch stärker aus seinen 12 Teilnahmen bei der «Internationalen Friedensfahrt» – der «Tour de France» des Ostblocks. Das härteste Etappenrennen für Amateure verband seit 1948 Prag und Warschau, ab 1952 kam Ost-Berlin hinzu. Als Veranstalter fungierten die kommunistischen Tageszeitungen «Trybuna Ludu», «Rudé Právo» und «Neues Deutschland». Hunderttausende säumten alljährlich im Mai die Straßenränder, wenn die Pedalritter vorübersausten. Schur gewann diese Rundfahrt zweimal (1955, 1959), führte fünfmal die DDR-Équipe zum Sieg und holte neun Etappensiege. Sein spektakulärstes Rennen aber bestritt er 1953, obwohl er nicht gewann, sondern «nur» Dritter in der Gesamteinzelwertung wurde. Diese 6. Friedensfahrt 1953 war eine der härtesten überhaupt. Von 93 Fahrern erreichten nur 38 das Ziel. Das Wetter war unbarmherzig – es war kalt, schneite, hagelte und regnete. Trotz etlicher Stürze gelang es Schur, einen gewaltigen Rückstand auszugleichen und führte die DDR-Mannschaft zum ersten Sieg. Schurs Mythos war geboren.

Am 3. September 1958, nach Schurs erstem Weltmeistertitel, hatte das «Neue Deutschland» verkündet, warum er das sozialistische Vorbild schlechthin sei: «Nicht nur, weil er ein blendender Rennfahrer ist. Mehr noch, weil er immer der populäre und beliebte ‹Täve› blieb, der einfache, bescheidene Sportler, der Typ des Menschen, der den unseligen Star im Sport in Vergessenheit geraten lässt ..., der nicht nur im Sport Großes leistet, sondern auch die vom V. Parteitag verkündeten Moralgebote zu seinem persönlichen Grundsatz erhoben hat.»

Der sozialistische Sportstar schlechthin wollte kein Star sein – so betonte er immer wieder. Er wurde zum Helden und widmete seine sportlichen Siege dem Sieg des Sozialismus. Das SED-Mitglied rückte in wichtige Funktionen auf, saß von 1958 bis 1990 ununterbrochen in der DDR-Volkskammer und stand für jeden SED-Propagandafeldzug zur Verfügung. Uwe Johnson, der 1959 aus der DDR geflüchtet war, porträtierte Schur in seinem Roman «Das dritte Buch über Achim» 1961 als «schimärenhaften Opportunisten». An Schurs Mythos bastelten dagegen eifrig andere Autoren noch in seiner aktiven Zeit. Bereits 1955 und 1959 erschienen die ersten beiden Bücher, die «Täves» Lebensweg «nachzeichneten» – 2001 legte er eine Autobiographie vor.

Der mit höchsten staatlichen und parteilichen Auszeichnungen geehrte Sportpolitiker Gustav-Adolf Schur saß für die PDS von 1998 bis 2002 glück- und erfolglos, bald sogar von seinen eigenen Genossen aus der vorderen Linie zurückbeordert, im Bundestag. Starrsinnig verteidigte er alles und jeden in der DDR, nannte Gorbatschow einen «Idioten» und sah in der ungarischen Revolution von 1956 auch im Jahr 2001 nicht mehr als das Werk «konterrevolutionärer Putschisten», deren Mordgelüsten die sowjetischen Truppen eindrucksvoll ein Ende bereitet hätten. Dennoch: Schur gilt noch heute in Ostdeutschland als der beliebteste Sportler der DDR-Geschichte – einen Titel, den er 1989 bereits in einer Leserumfrage der FDJ-Tageszeitung «Junge Welt» mit großem Abstand zugesprochen bekam.

73. Was war die merkwürdigste Sportstätte der DDR? Rankings sind immer umstritten. Aber die vielleicht doch merkwürdigste Sportstätte stand den wenigen Bowlingsportlern zur Verfügung. Bowling gehörte zu den Randsportarten, die keiner Förderung unterlagen, weil die Sportart weder olympisch war noch zu internationaler Reputation führte. Dennoch war Bowling in den siebziger und achtziger Jahren sehr beliebt. Allerdings konnte kaum jemand dieses Freizeitvergnügen genießen, weil es nur wenige öffentliche Anlagen gab (fast alle in Ost-Berlin), bei denen die Wartezeiten sechs bis zwölf Monate für maximal zwei Stunden Spielzeit betrugen. Da konnte einem schon der Spaß vergehen. In Berlin hatte sogar ein privater Kneipier in seinem Keller eine Bahn einbauen lassen, die freilich auch hoffnungslos überlastet war.

Aber es bestand, was die wenigsten wussten, die Möglichkeit, in Sportvereinen Bowling zu spielen. In Ost-Berlin gab es gleich mehrere, denen gemeinsam ab Anfang der achtziger Jahre in Köpenick vier Bahnen für Training und Wettkämpfe zur Verfügung standen. Die meisten Vereine waren großen Betrieben angeschlossen, weil nur diese sich Bowlingbahnen leisten konnten, auch das MfS unterhielt in seinem Verein «Dynamo Hohenschönhausen» eine Bowling-Abteilung. Bowling-Vereine existierten auch in Neuruppin, Rostock, Bautzen, Premnitz, Uchtspringe, Erfurt, Eisenhüttenstadt oder Brandenburg. In dieser Stahlstadt gab es zwei konkurrierende Vereine mit zwei Anlagen. Eine davon lässt sich wohl als die skurrilste Sportanlage der DDR bezeichnen. Sie befand sich seit 1978 in dem berühmtberüchtigten Brandenburger Gefängnis und stand erst dem Wachpersonal, später dann auch dem Wettkampfsport zur Verfügung. Die Bowlingbahn lag in der ersten Sicherheitszone der Anlage, so dass die Sportler zwar durch das erste Gefängnistor laufen mussten, aber das eigentliche Gefängnis mit seinen Anlagen, das hinter dem zweiten Tor lag, nicht zu Gesicht bekamen. So kamen selbst Jugendliche – Bowling konnte ab 14 Jahren vereinsmäßig gespielt werden – stundenweise in ein Gefängnis – aber in diesem Fall wirklich nur aus rein sportlichen Gründen.

Kirchen, Widerstand, Verfolgung

74. Warum gab es überhaupt Kirchen in der DDR?

Die SED-Kirchenpolitik war von einem ständigen Wechsel zwischen Konfrontation und taktisch bedingter Bündnispolitik geprägt. Nach 1945 orientierte sich die Sowjetunion in der SBZ am Prinzip der strikten Trennung von Staat und Kirche. Mit der Verdrängung der Kirchen aus den Bereichen Bildung und Erziehung und ihrer Beschränkung auf den religiös-kultischen Raum war eine nachhaltige Eingrenzung ihres gesellschaftlichen Einflusses beabsichtigt. Gleichzeitig sollten die Kirchen aber auch als stabilisierende Faktoren in den Neuaufbau eingebunden werden. Deshalb wurde der kirchliche Grundbesitz nicht in die Bodenreform einbezogen. Sogar die Entnazifizierung ihrer Mitarbeiter überließ die SMAD den Kirchen letztlich selbst.

Auf ihrem III. Parteitag betonte die SED 1950 ihr Recht, allein den «dialektischen Materialismus als die wissenschaftliche Weltanschauung der Arbeiterklasse» in der Schule zu propagieren. Vor diesem Hintergrund begann nun der Kampf gegen die Kirchen, vor allem gegen die «Jungen Gemeinden», in denen die Jugendarbeit der Evangelischen Kirchen stattfand. Seinen Höhepunkt fand dieser Kirchenkampf im Frühjahr 1953. Von Januar bis Mai verhaftete das MfS viele Jugendliche und über 70 Theologen und Jugendleiter. Etwa 3000 Schüler und einige hundert Studenten wurden relegiert, viele Mitglieder der «Jungen Gemeinde» flohen in den Westen. Ein Exmatrikulationsgrund lag bereits vor, wenn «geleugnet» wurde, dass die «Junge Gemeinde» eine «Organisation» sei (was sie gerade nicht war). Dieser Kirchenkampf ist im Juni 1953 abrupt abgebrochen worden, die tiefe Gesellschaftskrise und der Volksaufstand legten eine neue Politik nahe.

Die Propagierung der Jugendweihe ab 1954 war ein wirksames Mittel, um die nachwachsenden Generationen den Kirchen zu entfremden. Die SED führte sie als ein sozialistisches Weiheritual ein, um den kirchlichen Ritualen atheistische entgegenzustellen. 1955 hatten sich 18 Prozent des betreffenden Jahrgangs an diesem Weiheritus beteiligt, ein Jahr später waren es 24 Prozent, 1958 bereits 44 Prozent und wiederum nur ein Jahr später bereits 80 Prozent. Bald nahmen 90 und ab den siebziger Jahren rund 98 bis 99 Prozent aller 14jährigen an diesem Ritual als Einstieg ins «Erwachsenenalter» teil.

Es war verbunden mit einem Gelöbnis, der DDR zu dienen. Wer sich der Jugendweihe entzog, trug ein Kainsmal.

Dennoch blieben die Kirchen die einzigen Großinstitutionen, die in der DDR eigenständig und unabhängig von der SED agieren konnten und zugleich als Institutionen über den Mauerbau hinaus gesamtdeutsch orientiert blieben. Sie waren und blieben ein institutionelles Bollwerk mit einer eigenständigen Rechtstradition im und gegen den Kommunismus – ganz unabhängig davon, wie sich einzelne Pfarrer, Gemeinden und Kirchenleitungen verhielten. Vier Gründe waren ausschlaggebend dafür, dass die SED die Kirchen in der DDR bestehen ließ. Zunächst hatte die sowjetische Besatzungsmacht den Kirchen eine Existenzgarantie gegeben, um die Gesellschaft zu stabilisieren. Ihr war bewusst, dass sie die gewachsenen Traditionen nicht einfach abbrechen konnte, ohne erhebliche Konflikte heraufzubeschwören. In der UdSSR selbst waren die Kommunisten ganz anders gegen Kirchen vorgegangen. Was in Deutschland passieren würde, war hingegen nach 1945 einige Jahre ungewiss. Die SED hat zwar mehrfach einen Kirchenkampf initiiert, aber letztlich die Institution nicht angetastet. Zweitens nämlich riskierte sie mit ihrer antikirchlichen Politik, einen großen Teil der Gesellschaft gegen sich zu aktivieren und nach einem Verbot der Kirchen deren Anhänger in den Untergrund zu treiben, wo sie noch gefährlicher für die SED gewesen wären. 1950 bekannten sich knapp 95 Prozent der Menschen zu einer Religion. Es dominierten Protestanten (rund 14 Millionen) gefolgt von Katholiken mit etwa 1,9 Millionen. Daneben gab es weitere Religionsgemeinschaften, die aber statistisch weniger ins Gewicht fielen. Knapp 1,2 Millionen gaben an, keiner Religion anzuhängen. Bei der Volkszählung von 1964 ist die Kirchen- und Religionszugehörigkeit in der DDR zum letzten Mal statistisch erfragt worden. Mittlerweile betrachteten sich knapp 32 Prozent der Bevölkerung als konfessionslos, rund 59 Prozent wurden als evangelisch, 8 Prozent als katholisch und 0,7 Prozent als Angehörige sonstiger Religionsgemeinschaften erfasst. Insgesamt fühlten sich noch knapp 10 Millionen Menschen konfessionell gebunden. In den Jahren bis 1989 sank diese Zahl zwar auf rund 6 Millionen, aber immerhin war dies noch ein Drittel der Gesellschaft. Die Kirchen haben drittens auch in der DDR-Gesellschaft eine Vielzahl von sozialen Funktionen erfüllt. Ein Verbot der Kirchen hätte zwangsläufig auch zum Kollaps der Sozialsysteme geführt. Schließlich hätten viertens die Bemühungen der

SED-Führung, ihren Staat zu internationaler Anerkennung zu führen, in diesem Fall einen herben und nachhaltigen Rückschlag erlitten. Die DDR erfüllte für den gesamten Ostblock auch immer so etwas wie eine «Schaufensterfunktion». Die offene Unterdrückung von Christen oder gar ein Verbot der Evangelischen und Katholischen Kirchen hätte nicht nur die DDR international isoliert, sondern zugleich dem Ansehen des gesamten Ostblocks geschadet. Dass die SED weniger zimperlich war, wenn es um kleinere Religionsgemeinschaften ging, zeigt die Tatsache, dass sie mindestens 12 von ihnen verbot und deren Mitglieder hart verfolgte.

75. Was wollte die «Kirche im Sozialismus»?

Kirchen müssen in Diktaturen, um sich behaupten zu können, ihren gesellschaftspolitischen Ort genau bestimmen. Dieser blieb in der DDR stets umstritten, was die ambivalenten Erscheinungsbilder der Evangelischen Kirchen erklärt. Sie zeigten sich in politischen Fragen uneinheitlich und unentschlossen. Dafür gibt es mehrere Gründe. Die seit 1969 im «Bund der Evangelischen Kirchen in der DDR» zusammenarbeitenden acht Landeskirchen der DDR beschritten nicht nur aufgrund verschiedener Traditionen unterschiedliche Wege, auch in sich blieben sie pluralistisch ausgerichtet. Gerade weil einige evangelische Kirchenstrukturen basisdemokratische Elemente enthielten, waren Konflikte zwischen den Hierarchieebenen vorprogrammiert. So wie es fast immer zulässig ist, von der SED-Führung, ja, zumeist von der SED als politisch einheitlichem Kollektiv zu sprechen, so müsste im Falle der Evangelischen Kirchen in fast jedem politischen und theologischen Konflikt von Individuen gesprochen werden. Die Formel «Kirche im Sozialismus» ließ fast jede Interpretation zu, nur keine allseitig anerkannte. Die berühmteste Formulierung stammte von der Bundessynode des Jahres 1971: «Wir wollen Kirche nicht neben, nicht gegen, sondern Kirche im Sozialismus sein.»

Das eigentliche intellektuelle, theologische und politische Versagen lag nicht in der Formel «Kirche im Sozialismus», sondern darin, niemals genau bestimmt zu haben, was sie eigentlich bedeutete. Die Interpretationspole liegen auf der Hand: «Kirche im Sozialismus» konnte heißen, zur staatsloyalen, zur Kirche für den Sozialismus werden zu wollen und so Staat, Gesellschaft und Ordnung anzuerkennen, wie sie waren. Die Gegenseite behauptete ebenso überzogen, die Formel bezeichne lediglich die gegenwärtige Realität, nämlich als

Kirche in der Gegenwart, im Sozialismus, auf sozialistischem Territorium präsent sein und sich behaupten zu müssen. Die Verfechter dieser Formel unterließen es zu erklären, was sie unter «Sozialismus» verstanden: das existierende System oder einen anzustrebenden Idealzustand? Deshalb blieb die Formel blutarm und auslegungsfähig.

Die Bezeichnung «Kirche im Sozialismus» hat Erwartungshaltungen bei Staat und SED geweckt. Die SED glaubte, mit dieser Formel den Kirchen eine Zustimmung für ihr Gesellschaftsexperiment abverlangen zu können. Die Evangelischen Kirchen sollten Konfrontationen mit dem Staat vermeiden und der SED-Staat diese dafür innerkirchlich gewähren lassen und deren Autonomie achten. Dieser Kompromiss blieb für die meisten «kirchenleitenden Kräfte» bis zum Herbst 1989 handlungsanleitend. Und er bildete zugleich eine weitere Ursache für innerkirchliche Spannungen, weil längst nicht alle bereit waren, dieses Stillhalteabkommen mitzutragen. Es ging stets um die Frage, in welcher Gesellschaft der Einzelne eigentlich leben wollte. Letztlich entschied jeder Christ selbst darüber, wie er damit umging. Kirche besteht nicht im Sozialismus, im Kapitalismus, in der Freiheit, in der Unfreiheit, in der DDR, in der Bundesrepublik – Kirche lebt in der Verkündung des Evangeliums und seiner Auslegung.

Der Weg zur uneindeutigen Formel «Kirche im Sozialismus» war nicht zwangsläufig. Zeitgenössisch gab es viele Kritiker. In den späten achtziger Jahren ist die Formel vor dem Hintergrund der gesellschaftlichen und weltpolitischen Ereignisse immer seltener verwendet worden. Ein Kritiker wie der Theologe Richard Schröder meinte 1988, die Bezeichnung «Kirche in der DDR» wäre weniger irreführend. Am 5. März 1989 sprach sich der thüringische Landesbischof Werner Leich, seit 1986 Vorsitzender der Konferenz der evangelischen Kirchenleitungen, gegen die weitere Verwendung des Begriffs «Kirche im Sozialismus» aus. Die Debatte war beendet – immerhin noch einige Monate vor dem nicht absehbaren historischen Verschwinden der DDR.

76. Was geschah am 17. Juni 1953?

Am 21. Juni 1953 kommentierte Sebastian Haffner den gerade in der DDR niedergeschlagenen Volksaufstand folgendermaßen: «Ein totalitäres Regime ... war binnen nicht einmal zwölf Stunden zu vollkommener Machtlosigkeit verdammt und gezwungen, hinter Panzern einer fremden Armee Schutz zu suchen. Und soweit ist es nicht etwa durch eine innere

Spaltung oder eine bewaffnete Verschwörung in seiner Mitte gekommen, sondern durch einen spontanen Volksaufstand im klassisch revolutionären Stil von 1789 oder 1848. Es geschah genau das, von dem wir behauptet hatten, es sei unter den Bedingungen der modernen totalitären Gewaltherrschaft nicht möglich.» Die gesamte Welt zeigte sich überrascht von dem kraftvollen, spontanen und unorganisierten Aufstand.

Vom 17. bis 21. Juni 1953 kam es in über 700 Städten und Gemeinden in der DDR zum Volksaufstand gegen die Regierung. Beteiligt waren daran etwa eine Million Menschen. Nur durch den Einsatz sowjetischer Kampfverbände gelang es, den Aufstand niederzuschlagen. Allein in Ost-Berlin fuhren 600 Panzer auf. Obwohl die Spontaneität, Unorganisiertheit und weitgehende Führungslosigkeit des Aufstands unbestritten sind, hätte den Machthabern in den Monaten zuvor, sofern sie es gewollt hätten, auffallen können, dass sich die Stimmung der Bevölkerung seit Sommer 1952 zusehends verschlechtert hatte. Der forcierte Aufbau des Sozialismus bedingte nicht nur eine einseitige Wirtschaftsentwicklung zugunsten der Schwerindustrie und zulasten der Verbrauchsgüterindustrie. Hinzu kamen politisch motivierte Verdrängungskämpfe gegen weite Teile der Bevölkerung. Betroffen waren selbstständige Bauern, Einzelhandels- und Fuhrunternehmen wie überhaupt der gesamte private Sektor in Industrie und Handel. Auch gegen die Kirchen mobilisierte die SED und unterwarf die Gesellschaft zugleich einer Militarisierungspolitik. Zehntausende verschwanden unter fadenscheinigen Vorwänden aus politischen Gründen für Jahre im Zuchthaus. Die Fluchtbewegung aus der DDR in die Bundesrepublik nahm dramatische Ausmaße an. Eine Folge all dieser Entwicklungen war, dass sich das Lebensniveau der Menschen immer weiter absenkte. Das Durchschnittseinkommen lag bei 308 Mark – ein Kilogramm Butter etwa kostete im freien Verkauf aber 20 Mark. Trotz Lebensmittelkarten waren die meisten Menschen auf solche Zusatzkäufe angewiesen, über 10 Prozent der Menschen bekamen überhaupt keine Lebensmittelkarten, weil sie als «sozialismusfremd» eingestuft worden waren.

Seit Ende 1952 häuften sich im gesamten Land Streiks, die im Mai und Anfang Juni 1953 in allen Branchen aufflammten. Die sowjetische Führung schritt ein und verordnete den «Neuen Kurs», den die SED-Führung offiziell am 9./10. Juni 1953 verkündete. Kleinlaut räumte sie ein, Fehler gemacht zu haben und versprach, ihre bisherige Politik zu revidieren. Die Menschen wurden davon überrascht. Sie sahen in dieser Erklärung mehrheitlich eine «Bankrotterklärung des Systems». Als es am 16. und 17. Juni 1953 in Ost-Berlin zu mächtigen Demonstrationen, Kundgebungen und Streiks kam, an denen sich 150 000 Menschen beteiligten, sprang der Revolutionsfunke auf das gesamte Land über.

Ost-Berlin bildete den Ausgangspunkt. In vielen Städten ging der Aufstand aber viel weiter als in der geteilten Stadt. Ein Beispiel dafür ist Görlitz. Ein alter Sozialdemokrat auf einer dort durchgeführten Kundgebung – die Stadt an der Neiße befand sich für mehrere Stunden komplett in der Hand der Aufständischen – drückte vor etwa 50 000 Teilnehmern das Gefühl vieler Menschen in der gesamten DDR aus, als er sagte: «Görlitzer, ich bin der alte Latt. (...) Drei Revolutionen habe ich nun in meinem Leben mitgemacht. Die von 1918, die von 1945 und heute die Revolution am 17. Juni 1953. Görlitzer, ich muss offen bekennen, das ist die größte Freude meines Lebens, dass ich diesen Tag erleben durfte. Acht Jahre lang waren wir gefesselt und geknebelt, acht Jahre lang durften wir nicht so sprechen, wie wir dachten. Nun ist alles vorbei. Die Stunde der Freiheit hat geschlagen. (...) Die SED und ihre Funktionäre sollen sich aus dem Staube machen, bevor sie der gerechte Zorn der 18 Millionen trifft. Görlitzer, es lebe die Juni-Revolution von 1953.»

Dieses Zitat belegt exemplarisch, worum es den Aufständischen ging: um Freiheit, Demokratie und die Wiedervereinigung Deutschlands (Letzteres war acht Jahre nach Kriegsende für alle Deutschen noch ein selbstverständliches Nahziel). Dabei waren die Menschen vielerorts fröhlich und siegesgewiss. Sie glaubten und hofften, erfolgreich zu sein. Sie hatten aber keine Chance, weil die sowjetische Besatzungsmacht eingriff. Etwa 15 000 Menschen wurden festgenommen, 2500 verurteilt, mehrere Teilnehmer willkürlich zur Abschreckung exekutiert. Zehntausende flohen in den Westen, in den Apparaten von SED und Staat fand anschließend eine großflächige Säuberung statt.

Der «17. Juni 1953» führte zu einer dreifachen Lernerfahrung: Die SED-Führung hatte vor Augen geführt bekommen, dass eine deutliche Mehrheit der Bevölkerung gegen ihre Herrschaft war. Ihr war bedeutet worden, dass ihre Macht allein auf sowjetischen Bajonetten beruhte. Die Gesellschaft erfuhr leid- und schmerzvoll, dass die SED-Machthaber so lange ihre Herrschaft ausüben würden, wie sie der

Hilfe der Roten Armee gewiss sein konnten. Und die sowjetischen Machthaber mussten lernen, dass ihre ostdeutschen Statthalter mehr Freiräume benötigten, um nicht nur als Marionetten der Besatzungsmacht zu erscheinen.

Die gescheiterte Revolution von 1953 führte zur «inneren Staatsgründung» der DDR: Der gesamte Disziplinierungs- und Unterdrückungsapparat ist erheblich ausgebaut und intensiviert worden; die Strukturen von Partei, Staat und Wirtschaft sind teilweise verändert worden; die Sowjetunion räumte der DDR-Regierung ab 1954/55 größere innen- und außenpolitische Spielräume ein. Mentalitätsgeschichtlich grub sich ins kollektive Gedächtnis ein, dass die SED jede oppositionelle Regung mit allen Mitteln und vor allem mit Unterstützung der Besatzungsmacht unterdrücken würde, und der SED-Führung schließlich wurde deutlich vor Augen geführt, dass ihr ärgster Feind im Land selber stand: die eigene Bevölkerung.

77. Warum baute die SED eine Mauer? Seit 1958 wies die DDR-Wirtschaft Wachstumszuwächse auf, der Alltag der Menschen erfuhr Erleichterungen. Das Ende der Nachkriegszeit in der DDR vollzog sich symbolisch am 29. Mai 1958: an diesem Tag wurden die letzten Lebensmittelrationierungen abgeschafft – zehn Jahre später als in den Westzonen. Bereits Mitte 1960 zeigten sich in der DDR jedoch neuerlich Krisensymptome, die schnell Ausmaße annahmen wie im Vorfeld des 17. Juni 1953. Von Januar bis August 1961 flüchteten 200 000 Menschen in den Westen, so viele wie im gesamten Jahr 1960. Die Lösung der Berlin-Frage war für die SED-Führung zu einer Überlebensfrage geworden. Noch immer bildete die halbierte Stadt das Schlupfloch, über das relativ einfach geflüchtet werden konnte, obwohl auch hier die Zeichen der Teilung allerorten sichtbar waren. Der Mauerbau erfolgte zu einer Zeit, als sich die DDR in einer ähnlich tiefen Krise befand wie 1952/53. Wahrscheinlich kamen die Machthaber mit der rigiden und todbringenden Absperrpraxis einem neuen Volksaufstand zuvor. Der Mauerbau diente der Machterhaltung der SED und der Unterdrückung der DDR-Bevölkerung.

Ende März 1961 hatte Ulbricht im Rahmen einer Tagung des Warschauer Pakts den Vorschlag unterbreitet, die Berliner Sektorengrenze abzuriegeln. In Ost-Berlin liefen die logistischen Planungen und Planspiele auf Hochtouren. Es gibt Hinweise, dass diese schon im Herbst/Winter 1960 einsetzten. Spätestens im Juni 1961 stand für

Ulbricht fest, dass zur Abriegelung des Westteils von Berlin keine Alternative existierte, zumal es Signale gab, dass die Westmächte eine solche Maßnahme hinnehmen würden. US-Präsident Kennedy betonte am 25. Juli 1961 in einer Ansprache, dass die USA und die NATO mit allen verfügbaren Mitteln, das hieß: auch mit Atomwaffen, drei Dinge aufrechterhalten wollten: erstens die Anwesenheit westlicher Truppen in West-Berlin, zweitens den freien Zugang von und nach West-Berlin für die Alliierten und drittens die Freiheit und Lebensfähigkeit West-Berlins. Diese berühmt gewordenen «three essentials» führten zu einer großen Ernüchterung in West-Berlin. Der freie Verkehr zwischen Ost- und West-Berlin war nicht erwähnt worden.

Auf einer Tagung der Parteichefs der Warschauer Vertragsstaaten in Moskau vom 3. bis 5. August 1961 ist die «Baugenehmigung» für die Sperrmaßnahmen schließlich erteilt worden. Nach der Sitzung wurde Marschall Iwan S. Konew als Oberkommandierender nach Berlin entsandt. Konew, ein berühmter sowjetischer Heerführer im Zweiten Weltkrieg, galt als Spezialist für den Häuserkampf. Dem Westen sollte demonstriert werden, dass sich die östliche Seite auf alle Eventualitäten vorbereitete. Seit dem 8. August sind die notwendigen Instruktionen für die Grenzschließung erarbeitet worden. Der Haupteinsatzstab konstituierte sich unter Leitung Erich Honeckers. Er nahm damals die Funktion des ZK-Sekretärs für Sicherheitsfragen im SED-Politbüro ein. Ihm unterstanden faktisch alle bewaffneten Einheiten der DDR. Von Honeckers Stab aus wurden die Befehle und Weisungen erteilt, um die 45 Kilometer lange Sektorengrenze Berlins und die 160 Kilometer lange Grenze West-Berlins mit dem Umland zu schließen.

Um 0 Uhr am 13. August 1961 gingen an der Sektorengrenze die Lichter aus, Posten zogen auf, die Grenze wurde geschlossen. Anderthalb Stunden später ist der S- und U-Bahn-Verkehr eingestellt worden. Gegen 6 Uhr morgens war die Sektorengrenze dicht. Verschiedene NVA-Einheiten und Einheiten der Bereitschaftspolizei rückten ab Mitternacht in Berlin ein. Die eigentlichen Absperrmaßnahmen führten die Schutzpolizei und Formationen der paramilitärischen «Kampfgruppen der Arbeiterklasse» durch. Damit versuchte die SED-Führung zu suggerieren, es seien die Arbeiter, die ihren Staat gegen die westdeutschen Revanchisten schützten.

Am 24. August 1961 ist der zwanzigjährige Schneider Günter Litfin beim Versuch, den Humboldt-Hafen zu durchschwimmen, erschossen worden. Er war das erste Todesopfer seit dem 13. August. Spektakulär war der Tod des achtzehnjährigen Peter Fechter, der beim Versuch, die Sperren in Richtung Westen zu durchbrechen, am 17. August 1962 angeschossen wurde. Er verblutete im Niemandsland zwischen Ost und West. Insgesamt sind an der innerdeutschen Grenze, an der Berliner Mauer sowie bei Fluchtversuchen über Drittländer bis zum November 1989 annähernd tausend Menschen ums Leben gekommen und weitere 757 schwer oder dauerhaft verletzt worden.

Mit dem Mauerbau vom 13. August 1961 erreichte das Ansehen des SED-Regimes einen neuen Tiefpunkt. Alle Schutzbehauptungen, man wäre einer Aggression der Bundesrepublik zuvorgekommen, konnten nicht die offensichtliche Tatsache verschleiern, dass die DDR diese Mauer brauchte, um das Weglaufen der eigenen Bürger zu unterbinden. Noch am 13. August registrierte das MfS etwa 20 Protestdemonstrationen mit 20 bis 600 Teilnehmern. Bis zum Abend des 16. August waren bereits 1100 Männer und Frauen verhaftet worden, weil sie gegen den Mauerbau protestiert hatten. An vielen Häuserwänden tauchten gegen das Regime gerichtete Parolen auf. Die «staatsfeindlichen Aktionen» verdreifachten sich im Vergleich zur Zeit vor dem Mauerbau. Es setzte die größte Verhaftungswelle seit dem Volksaufstand von 1953 ein. Allein bis zum 4. September 1961 kam es zu über 6000 Verhaftungen. Die Proteste flauten aber relativ schnell ab und eine allgemeine Resignation überzog das Land wie Mehltau.

Die DDR wurde durch den Mauerbau zu jener «geschlossenen Gesellschaft», die sie bis 1989 blieb. Angesichts der scheinbaren Endgültigkeit des Mauerbaus und der Untätigkeit des Westens begannen viele Menschen, sich mit den Gegebenheiten zu arrangieren. Die oft beschriebene Pseudo-Idylle in der DDR wurde erst möglich durch die Mauer. Sie war insofern nicht allein ein Bauwerk, sondern auch eine Lebensform. Im Laufe der Jahre wurden die Sperranlagen technisch immer perfekter, die Mauer politisch aber immer brüchiger.

78. Gab es immer Widerstand gegen die SED-Diktatur? Opposition und Widerstand zählten in den kommunistischen Diktaturen zu jenen gesellschaftlichen Realitäten, die offiziell nicht existierten, da es für sie angeblich keine objektiven oder sozialen Grundlagen gab. Vielmehr behauptete die SED, sie regiere im Sinne des gesamten Volkes, so dass jede Opposition «objektiv» gegen die Interessen der

Gesellschaft gerichtet sei. Bei strafrechtlichen Verurteilungen von Oppositionellen wurde geleugnet, dass es sich um politische Verfolgungen handle. Der so genannte Oppositionelle sei in Wahrheit ein gewöhnlicher Verbrecher.

Die oppositionellen, widerständigen und regimefeindlichen Verhaltensweisen in der DDR-Geschichte lassen sich nicht auf einen Hauptnenner bringen. Es kann zwischen der fundamentalen Gegnerschaft sozialdemokratischer, christlicher und anderer Gruppen bzw. Einzelpersonen in den späten vierziger und in den fünfziger Jahren einerseits und den überwiegend auf Reform des System gerichteten Gruppierungen der siebziger und achtziger Jahre andererseits unterschieden werden. Die zuerst genannte Gruppe von Gegnern der SED kämpfte bewusst gegen die kommunistische Parteidiktatur und die Sowjetisierung der SBZ, sie wollte die kommunistische Herrschaft stürzen und strebte nach parlamentarischer Demokratie und Wiedervereinigung. Widerstand und Opposition entwickelten sich in den fünfziger Jahren aus zwei Gründen nicht kontinuierlich. Zum einen erwiesen sich die Verfolgungen als ungleich härter und brutaler als nach dem Mauerbau. Hohe Zuchthaus- und Gefängnisstrafen für vergleichsweise geringe Vergehen rissen immer wieder Lücken in die Reihen der Regimegegner. Zum anderen aber entzogen sich viele einer drohenden Verhaftung durch Flucht in die Bundesrepublik.

Obwohl sich die Formen der Repressionen nach 1961 verfeinerten und an offener Brutalität verloren, nahm die DDR nun viel deutlicher Züge des orwellschen Überwachungsstaates an. Die politische Opposition setzte sich nach 1961 bis Mitte der siebziger Jahre maßgeblich aus zwei Gruppen zusammen: Einmal aus Intellektuellen, die weiterhin der sozialistischen Idee anhingen und zumeist in konspirativen Zirkeln wirkten, so dass sie kaum eine Außenwirkung erzielten. Die zweite Gruppe fand sich in den Evangelischen Kirchen. In der Zeit zwischen dem Mauerbau und der Biermann-Ausbürgerung 1976 äußerte sich Opposition zunächst als Kulturopposition. In Reaktion auf die zunehmende Militarisierung der Gesellschaft und das weltweite forcierte Wettrüsten ab Ende der siebziger Jahre formierten sich in zahlreichen evangelischen Kirchengemeinden Friedenskreise, in denen auch Personen mitarbeiteten, die keiner Kirche angehörten. Von besonderer Bedeutung in den ersten Jahren war die (bis 1989 unerfüllt gebliebene) Forderung nach einem zivilen Ersatzdienst. Als größte oppositionelle Massenbewegung nach dem Juni 1953 ging

1980/82 die Protestbewegung «Schwerter zu Pflugscharen» in die DDR-Geschichte ein. Diese Bewegung überschritt die Grenzen der Kirchen und fand ihr Symbol in einem Schmied, der ein Schwert in eine Pflugschar umschmiedete. Als es als Aufnäher der unabhängigen Friedensbewegung in der DDR verteilt und vor allem von kritisch eingestellten Jugendlichen, weit über 100 000, offen getragen wurde, ging die SED drastisch dagegen vor und hat dieses weltweite Friedenssymbol sogar faktisch verboten. Seit Mitte der siebziger Jahre ist die ostdeutsche Opposition durch die KSZE-Beschlüsse, zu denen sich die DDR offiziell bekannte, beflügelt worden, weil deren Vereinbarungen zur Einhaltung der Menschenrechte innenpolitisch als Argumentationshilfen genutzt werden konnten. Daneben übten die Oppositionsbewegungen in Polen, der ČSSR, Ungarn und der UdSSR erheblichen Einfluss auf die DDR-Opposition aus. Ab Mitte der achtziger Jahre setzte in der Opposition eine politische Professionalisierung und zugleich eine Ausdifferenzierung in verschiedene, voneinander unterscheidbare politische Gruppen ein, die für die Herausbildung der Bürgerbewegungen 1989 eine wichtige Voraussetzung darstellte.

79. Gab es «68er» auch in der DDR? Der Soziologe Heinz Bude glaubt, dass sich «1968» anders als «1945» und «1989» als «sicherer Erinnerungsort im Kollektivgedächtnis» darbietet. Auch wenn er dies in den «Deutschen Erinnerungsorten» postuliert, so ist «1968» in seiner Lesart ein westdeutscher Erinnerungsort. Bude braucht dies nicht auszuführen oder zu erklären: «1968» ist in der Bundesrepublik 20 Jahre nach der Wiedervereinigung kein nationaler Erinnerungsort, sondern ein spezifisch westdeutscher. Lediglich die RAF-MfS-Connection oder der Fall Kurras haben «1968» als Erinnerungsort etwas ausgeweitet.

Mit «1968» werden unterschiedliche Erfahrungen und Entwicklungen verbunden. In der alten Bundesrepublik erinnern sich die Menschen vor allem an die Studentenbewegung, aber auch an neue Lebensformen und die Kraft der Rockmusik. Letzteres kam auch über die Mauer in den Osten, viele junge Menschen suchten hier ebenfalls nach neuen, anderen Lebenskulturen. Sie verfolgten die Entwicklungen mit Sympathie und Anteilnahme. Auch hier gab es «68er», die aber anders geprägt wurden als im Westen: nicht nur, dass sie in einer Diktatur lebten, sie sind zudem in einem weitaus höheren Maße vom «Prager Frühling» beeinflusst worden. Erstmals in der Geschichte schien es möglich, Sozialismus, Demokratie und Freiheit zusammenzubringen. Ein «Sozialismus mit menschlichem Antlitz», ein «demokratischer Sozialismus» stellte für viele Menschen in der DDR eine realistische Alternative zu den Verhältnissen dar.

Die Entwicklungen in der ČSSR faszinierten viele, weil Parteiführung, Regierung und ein Großteil der Bevölkerung gemeinsam ein Reformwerk begonnen hatten, um ein demokratisch-freiheitliches Gemeinwesen aufzubauen. Die Durchsetzung freiheitlicher Grundrechte, etwa durch Abschaffung der Zensur, übte eine Strahlkraft in die DDR aus, die für die SED-Herrschaft unmittelbar gefährlich werden konnte. Der stellvertretende MfS-Minister Bruno Beater erklärte am 14. März 1968 intern in einer MfS-Dienstberatung: «Auch bei uns liegt ein Haufen Menschen auf der Lauer und wartet nur darauf, dass ähnliche Situationen wie in ... der ČSSR eintreten.»

Am 21. August besetzten Truppen des Warschauer Paktes die ČSSR und schlugen den «Prager Frühling» militärisch nieder. Die Empörung über den Einmarsch war in der DDR breit und allgemein. Viele Zeitzeugen berichten, wie sehr sie dies bewegt habe. Ältere zogen Parallelen zu 1956 und 1953, aber vor allem zu 1938/1939. Viele Dokumente belegen, dass die Invasion auch politisch sonst eher desinteressierte Menschen abschreckte. Vor allem Frauen und Männer über 30 Jahren zeigten sich allerdings nicht überrascht. Das Eingreifen entsprach für viele der Herrschaftslogik der Kommunisten, so wie man sie bereits von 1953, von 1956 und auch von 1961 her kannte. Die Zustimmung zum politischen System war nach dem Einmarsch auf einem für die SED-Führung besorgniserregenden Tiefpunkt angelangt. Aber: Die SED hatte ihr «68» bereits 1953 erlebt und daraus gelernt. Das Herrschaftssystem blieb stabil.

Trotz der niedergedrückten Stimmung kam es aber auch zu zahlreichen Protesten. Staatssicherheit und Innenministerium zählten tausende Aktionen, nur die wenigsten konnten sie aufklären. Bis Oktober 1968 sind rund 1200 Personen verurteilt worden. Drei Viertel aller ermittelten und abgeurteilten «Straftaten» stammten von Personen unter 30 Jahren. 84,2 Prozent der Verurteilten waren Arbeiter. Schüler und Studierende stellten 8,5 Prozent.

Der «Prager Frühling» blieb ein wichtiger Referenzrahmen für oppositionelle Hoffnungen in der DDR, auch dann noch, als in Polen mit der Solidarność dem Prager Reformkommunismus «von oben» ein gesellschaftliches Demokratisierungsmodell «von unten» machtvoll gegenübergestellt wurde. Die Opposition hat sich in den achtziger Jahren intensiv mit «1968» beschäftigt. Während die einen es als Ausgangspunkt emanzipatorischer Politik und Lebensstile begriffen und praktizierten, haben andere sich vor allem an den Ideen des Jahres 1968 – dem «demokratischen Sozialismus» – orientiert. Die West-68er träumten von einer Revolution und beförderten Reformen, wie es die Psychologin Annette Simon einmal formulierte, die Ost-68er träumten von Reformen und gehörten 1989 zu den Trägern der Revolution. Letztlich ist «68» einer jener europäischen Erinnerungsorte, die die Einheit in der Teilung symbolisieren.

80. Was wollten Robert Havemann und Wolf Biermann?

Robert Havemann (1910–1982) und Wolf Biermann (geb. 1936) waren seit Anfang der sechziger Jahre die Symbolfiguren der Opposition. Der habilitierte Naturwissenschaftler Havemann ist im September 1943 als Mitbegründer und führender Kopf einer antifaschistischen Widerstandsgruppe verhaftet und am 16. Dezember zum Tode verurteilt worden. Mit «kriegswichtigen Arbeiten» in der Todeszelle im Zuchthaus Brandenburg-Görden beschäftigt, überlebte er. Wolf Biermann wuchs in Hamburg in einem kommunistischen Elternhaus auf. Sein Vater, ein Jude, ist in Auschwitz ermordet worden. Vor diesem biographischen Hintergrund ist kaum verwunderlich, dass beide in der DDR das «bessere Deutschland» zu erkennen glaubten.

Havemann stellte sich ganz in den Dienst des kommunistischen Aufbaus. Er war Professor an der Humboldt-Universität zu Berlin, übernahm zahlreiche hohe Funktionen in Staat und Partei und wirkte als kommunistischer Propagandist in der Öffentlichkeit. Von 1956 bis 1963 arbeitete er auch als Inoffizieller Mitarbeiter «Leitz» für das MfS, zuvor hatte er bereits nach Kriegsende für den sowjetischen Geheimdienst spioniert und dann seit spätestens 1953 für das MfS. Biermann siedelte in diesem Jahr von Hamburg in die DDR über. Er legte das Abitur ab und begann an der Humboldt-Universität zu studieren. Ihn zog es ans Berliner Ensemble von Brecht, seit Ende der fünfziger Jahre schrieb er Lieder und Gedichte.

Im Zuge des XX. Parteitags des KPdSU, als die kommunistischen Massenverbrechen in der Sowjetunion erstmals vorsichtig kritisiert wurden und der Weltkommunismus in eine tiefe Krise stürzte, begann Havemann langsam umzudenken. Ab Anfang der sechziger Jahre kritisierte er die Verhältnisse in der DDR zunehmend schärfer von marxistischen Positionen aus. In dieser Zeit begann die Freundschaft zwischen ihm und Biermann. Dieser hatte noch einen Aufnahmeantrag in die SED gestellt. Er überstand aber die übliche Kandidatenzeit nicht und wurde nicht aufgenommen. Havemanns Kritik führte 1964 zu seinem Ausschluss aus der SED, seiner fristlosen Entlassung durch die Humboldt-Universität und 1966 zur Verdrängung aus der Akademie der Wissenschaften, was ein faktisches Berufsverbot bedeutete. Biermann ist endgültig im Dezember 1965 mit einem totalen Auftritts- und Publikationsverbot belegt worden.

Die beiden ließen sich jedoch nicht unterkriegen. In ihrem Umfeld entwickelte sich eine breite subkulturelle und politische Gegenöffentlichkeit. Biermann brachte regelmäßig LPs und Bücher in der Bundesrepublik heraus, Havemann publizierte Bücher und Artikel im Westen. Beide sind vom MfS rund um die Uhr überwacht und abgehört worden. Sie träumten von einem «demokratischen Sozialismus mit menschlichem Antlitz», verstanden sich als «wahre Kommunisten» und kritisierten die DDR-Verhältnisse scharf.

Im November 1976 konnte Biermann erstmals wieder Konzerte in der Bundesrepublik geben. Während dieser Reise ist er ausgebürgert worden. Havemann ist unmittelbar danach für 18 Monate unter Hausarrest gestellt worden. Gegen Biermanns Ausbürgerung erhob sich eine breite Protestwelle im In- und Ausland. Viele unbekannte DDR-Bürger sind verhaftet und verurteilt worden, Dutzende bekannte Künstler reisten in die Bundesrepublik aus. Andere, wie Jürgen Fuchs, Gerulf Pannach oder Christian Kunert, sind in der MfS-Untersuchungshaft in den Westen gezwungen worden.

Biermann blieb auch in der Bundesrepublik zunächst seinen kommunistischen Ideen treu und wurde nun dort eine Gallionsfigur vieler undogmatischer Linker. Havemann hat in seinen letzten Lebensjahren die im Entstehen begriffene unabhängige Friedens- und Bürgerrechtsbewegung in der DDR entscheidend mitgeprägt. Noch kurz vor seinem Tod veröffentlichte er gemeinsam mit Pfarrer Rainer Eppelmann – in den achtziger Jahren eine der bekanntesten Persönlichkeiten der Opposition – den «Berliner Appell». Darin sprachen sie sich für ein atomwaffenfreies Europa aus, die beiden deutschen Staaten sollten aus den Militärblöcken austreten, die Siegermächte aus Deutschland abziehen und die deutsche Teilung überwunden werden. Innerhalb weniger Wochen unterschrieben diesen Aufruf trotz angedrohter Repressalien hunderte Menschen.

Robert Havemann blieb auch nach seinem Tod eine wichtige Bezugsperson für viele Oppositionelle. Seine Ehefrau Katja Havemann engagierte sich weiter in oppositionellen Zusammenhängen, die Gründung des «Neuen Forums» erfolgte am 9./10. September 1989 auf ihrem Grundstück in Grünheide bei Berlin. Auch Wolf Biermann blieb in der DDR trotz Ausbürgerung präsent, seine Lieder und Gedichte, Essays und Interviews, LPs und Bücher kursierten in der Szene. Am 1. Dezember 1989 konnte er erstmals wieder in der DDR, in Leipzig, vor Tausenden Zuhörern singen. Sein Freund Jürgen Fuchs hielt die Eröffnungsansprache. Biermann, der sich vom Kommunismus als Idee zunehmend abgewandt hatte, engagierte sich seither vehement für eine Auseinandersetzung mit der SED-Diktatur und stieß mehrfach mit Reden und Essays nachhaltige Debatten an.

81. Was hatte die unabhängige Friedensbewegung mit den Kirchen zu tun? Die Geschichte der Opposition in den achtziger Jahren ist eng mit den Evangelischen Kirchen verbunden. Dafür waren drei Gründe ausschlaggebend. Erstens arbeiteten in allen Regionen zahlreiche Pfarrer, Diakone und andere Kirchenmitarbeiter, die sich der vom Staat ausgegrenzten, unterdrückten, verfolgten Menschen annahmen und es als ihre christliche Pflicht auffassten, sie zu unterstützen. Allerdings trifft das oft benutzte Bild vom «Dach der Kirchen» für die Opposition nicht immer zu, weil nur für einen kleineren Teil der Kirchenmitarbeiter und Gemeindekirchenräte oppositionelle Aktivitäten zum theologischen und gesellschaftspolitischen Selbstverständnis zählten. Zweitens waren einige Pfarrer und Theologen selbst Teil der Opposition. Das macht es zuweilen schwer, zwischen Opposition und Kirche zu unterscheiden. Schließlich drittens: die Anfänge der neuen Oppositionsbewegung liegen in der Herausbildung einer unabhängigen Friedensbewegung seit Ende der siebziger Jahre. Diese Bewegung war fast vollständig mit den Evangelischen Kirchen verbunden.

Seit 1980 führten die Evangelischen Kirchen in ganz Deutschland jeweils im November Friedensdekaden durch. Diese riefen die Kirchen vor dem Hintergrund weltweiten Rüstungswahns, der Bedrohung der Schöpfung und der grenzüberschreitenden Friedensbewegung ins Leben. In der DDR bildete sich in diesem Zusammenhang die unabhängige Friedensbewegung heraus. Der SED-Staat war an seiner empfindlichsten Stelle getroffen worden. Denn mit dieser Bewegung bestritten Kirchen und vor allem die Jugendlichen dem Staat seinen Alleinvertretungsanspruch auf «Friedenspolitik» und «Friedensgewährung». Sie wandte sich auch gegen die Militarisierung der DDR-Gesellschaft und trat für einen Sozialen Friedensdienst als Ersatz für den Wehrdienst ein, alles Punkte, die die SED als staatsfeindlich qualifizierte. Spätestens im Sommer 1982 war deutlich geworden, dass oppositionelles Arbeiten unter den Dächern der Kirchen immer auch auf Kritik aus den Kirchen selbst stoßen würde. Dieses Spannungsverhältnis blieb bis zum Herbst 1989 bestehen. Zwar unterstützten die Kirchen weiter die Initiativen für den Sozialen Friedensdienst, aber insgesamt scheuten alle Kirchenleitungen den Vorwurf, oppositionelle Aktivitäten zu unterstützen oder gar selbst oppositionell zu sein.

Vor diesem Hintergrund begannen auch Bestrebungen, kirchenunabhängige Oppositionsgruppen zu bilden. Die bekanntesten waren die Gruppe «Frauen für den Frieden» (1982) mit zahlreichen regionalen Gruppen und internationaler Vernetzung, die «Jenaer Friedensgemeinschaft» (1983, die Wurzeln reichen ins Jahr 1976 zurück) mit zahlreichen spektakulären Aktionen sowie die Gruppe «Wolfspelz» aus Dresden, deren Ursprünge in den Jahren 1981/82 liegen. Alle waren sie von Verfolgungen, Verhaftungen und Zersetzungen betroffen. Für internationales Aufsehen sorgte im Juni 1983 die Zwangsausbürgerung von Roland Jahn aus Jena, der 1982 bereits sechs Monate in Haft gesessen hatte, und im Dezember 1983 die Inhaftierung von Ulrike Poppe und Bärbel Bohley von den «Frauen für den Frieden», die nach sechs Wochen aufgrund internationaler Proteste wieder freikamen. Diese Gruppen haben sich für inneren und äußeren Frieden, Umweltschutz und allgemeine Menschenrechte eingesetzt. Einen kräftigen Schub erhielt die kirchenunabhängige Opposition, als sich Ende 1985 in Ost-Berlin die «Initiative Frieden und Menschenrechte» um Gerd Poppe, Bärbel Bohley, Wolfgang Templin, Ralf Hirsch, Peter Grimm, Ulrike Poppe, Reinhard Weißhuhn und Werner Fischer bildete. Das führte dazu, dass sich weitere Gruppen konstituierten und die Opposition allmählich ein schärferes Profil und eine größere politische Professionalisierung entwickelte.

82. Was wollte die Opposition in den achtziger Jahren?

Die Opposition hatte viele Gesichter. Der sich bewusst als politisch begreifende Kreis war alles in allem klein und auf wenige Regionen und

Großstädte begrenzt. Die Ausdifferenzierung nahm Mitte der achtziger Jahre wiederum einen so hohen Grad an, dass es unmöglich ist, von «der» DDR-Opposition zu sprechen. Die Forderung nach Abschaffung der Diktatur war zudem nicht gleichbedeutend mit der Forderung nach Beseitigung der DDR. Die Demokratisierung des Staates ist vielmehr als eine Voraussetzung zur Lösung der deutschen und europäischen Frage angesehen worden.

Die wichtigsten Ziele der Opposition bestanden darin, die DDR zu demokratisieren, ein gesellschaftliches Gespräch in Gang zu setzen, die verknöcherten Strukturen aufzubrechen, der SED ihren Alleinvertretungsanspruch streitig zu machen, die Medien zu pluralisieren und die Zensur abzuschaffen, Entscheidungsprozesse transparent zu gestalten, Reisefreiheit und überhaupt die allgemeinen Menschenrechte durchzusetzen, rechtsstaatliche Strukturen zu schaffen sowie die jüngere Geschichte ihrer «weißen Flecken» zu entledigen. Spätestens ab Ende 1987 war die Existenz einer Oppositionsbewegung in der DDR öffentlich unübersehbar. Großangelegte Razzien des MfS gegen in Kirchen gelegene Einrichtungen, öffentliche und medienwirksame Protestaktionen von Oppositionellen und Ausreisewilligen sowie Ausbürgerungen von prominenten Bürgerrechtlern führten ab November 1987 inner- und außerhalb der DDR zu Solidarisierungsschüben, die bis zum Herbst 1989 nicht mehr abrissen. Die Inkubationsphase, die zur Herausbildung der Bürgerbewegungen 1989 führte, hatte im November 1987 begonnen, als das MfS die Berliner Umweltbibliothek besetzte, Material beschlagnahmte und Verhaftungen vornahm. Auch die Verhaftung und anschließende faktische Ausbürgerung von Bärbel Bohley, Lotte und Wolfgang Templin, Vera Lengsfeld (Wollenberger), Ralf Hirsch oder Werner Fischer Anfang Februar 1988 trugen letztlich erheblich zur Ausbreitung der Opposition in viele Regionen der DDR und zur weiteren politischen Profilbildung bei. Vielen wurde bewusst, dass belastbarere Strukturen nötig waren, um politisch effektiv zu sein. Außerdem stand nun auch die Zusammenarbeit mit westlichen Medien kaum noch in der Kritik, weil diese nicht nur für die Verbreitung der Ideen sorgten, sondern auch einen gewissen Schutz vor Verhaftungen und Ausbürgerungen boten. Die Keime für die neuen Bürgerbewegungen im Spätsommer 1989 lagen vor allem in den Erfahrungen von 1987 und 1988.

Revolution und Wiedervereinigung

83. Warum wollte SED-Ideologe Kurt Hager nicht tapezieren? Das Ende des Kommunismus begann 1980 in Polen. Die Gründung der unabhängigen Gewerkschaft Solidarność, der sich zehn Millionen Menschen anschlossen, war der Donnerschlag, von dem sich der Ostblock nicht mehr erholen sollte. Die Inthronisierung Michail Gorbatschows als KPdSU-Chef im März 1985 stellte den Versuch dar, ein reformkommunistisches Projekt in Gang zu setzen, um den Kommunismus überhaupt zu retten. Gorbatschow war nicht Reformator wider Willen, aber er wurde wider Willen zu einem Sargnagel des kommunistischen Systems.

Gorbatschows Reformpolitik entfachte Hoffnungen in der DDR-Gesellschaft. Die offizielle Losung «Von der Sowjetunion lernen, heißt siegen lernen» wurde fast über Nacht zur subversiven Waffe. Wenn in Moskau Reformen möglich sind, so die Meinung vieler Menschen, so müsse sich doch auch in der DDR etwas verändern lassen. Jahrelang versprach die SED, Morgen, in der Zukunft, würde alles «noch» besser werden. «Morgen» blieb in den Vorhersagen der Ideologiewächter nicht nur eigentümlicherweise stets weit weg von der Gegenwart, Mitte der achtziger Jahre entrückte die verheißungsvolle Zukunft immer weiter ins Nimmerland. Der gefühlte Abstand zum Westen und seinen Verheißungen, wie sie allabendlich in Millionen ostdeutsche Wohnzimmer flimmerten, wurde immer größer und die Hoffnungen auf die Zukunft schwanden in einem schwindelerregenden Maße, je mehr sich die Crew um Honecker, Krenz, Schabowski, Modrow und wie sie sonst noch hießen gegenüber der Reformpolitik von Gorbatschow fast autistisch, aber machtlogisch abschirmten. Denn sie wussten, die DDR ließ sich nicht ein bisschen reformieren, ein bisschen verändern. Würden sie damit beginnen, so würden ihnen schnell wie 1956 oder 1968 die Entwicklungen aus der Hand gleiten und die Gesellschaft würde eigene Wege gehen – ohne die SED als «führender Kraft».

Niemand hat dies so deutlich formuliert wie der ranghöchste SED-Ideologe Kurt Hager. Am 9. April 1987 veröffentlichte der «stern» ein Interview mit ihm, das tags darauf das SED-Zentralorgan «Neues Deutschland» ungekürzt nachdruckte. In diesem Interview gab er gebetsmühlenartig all das wieder, was die SED-Propaganda tagtäglich verkündete: nur in den sozialistischen Staaten herrsche wirkliche Demokratie, Millionen Menschen in der DDR würden sich in ihr tatkräftig engagieren; nur der Sozialismus könne die sozialen und globalen Probleme der Welt lösen; die Wirtschaft stelle eine Erfolgsgeschichte dar; in der DDR existiere eine eigenständige sozialistische deutsche Nation; die Medien würden realistisch über die Lage berichten. Neu war, dass Hager offen den sowjetischen Reformbestrebungen eine harsche Absage erteilte. Sie gipfelte in dem Satz: «Würden Sie, nebenbei gesagt, wenn Ihr Nachbar seine Wohnung neu tapeziert, sich verpflichtet fühlen, Ihre Wohnung ebenfalls neu zu tapezieren?» Hager hatte fortan einen neuen Spitznamen weg: «Tapeten-Kutte». Das Entsetzen war groß und reichte bis weit in die SED hinein. Denn für viele Menschen in der DDR war klar, dass es so nicht weiter gehen konnte. Hoffnungslosigkeit und Resignation breiteten sich weiter aus. Vielen Menschen wurde nun klar: Solange «die» das Sagen haben, würde sich nichts ändern. Nur wenig später ging es nicht mehr ums Tapezieren. Die Grundmauern wurden eingerissen, bald auch das Fundament ausgetauscht. Das erfolgte in einem Tempo, das vielen Zeitgenossen die Sprache verschlug.

84. Warum war die SED-Diktatur gerade 1989 an ihr historisches Ende gelangt? 1989 kamen mehrere Entwicklungen zusammen. Der Ostblock begann, auseinander zu fallen. Polen und Ungarn verabschiedeten sich Schritt für Schritt vom Kommunismus, es kam zu Wahlen, bei denen die Kommunisten haushoch unterlegen waren. Der Austritt beider Staaten aus dem östlichen Militärblock stand bevor. Die tiefe Krise in der UdSSR weitete sich aus, Gorbatschows Reformbemühungen fruchteten innenpolitisch kaum, er hatte zudem mit konservativen Gegenspielern zu tun. Eine Reihe von annektierten «Sowjetrepubliken» (Baltikum, Mittelasien) strebte nach Unabhängigkeit. Zugleich war Gorbatschow als Außenpolitiker am Gipfelpunkt seines internationalen Ansehens angelangt, er galt weithin als Autorität. Die DDR-Gesellschaft hoffte ebenfalls auf Veränderungen, verband aber keinerlei Hoffnung mehr mit der SED und ihrer Führungsspitze um Honecker, Mielke und Krenz.

Immer mehr Menschen wollten deshalb für immer die DDR verlassen. Als am 2. Mai 1989 Ungarn ankündigte, den Eisernen Vorhang an der Grenze zu Österreich zu heben, begann eine große Fluchtwelle. Hunderttausende kehrten der DDR den Rücken. Die Gesellschaft war in Bewegung geraten. Viele fragten sich, ob sie nicht auch flüchten sollten. Denn nicht nur die SED-Führung war ratlos und offenbar handlungsunwillig, auch die Gesellschaftskrise spitzte sich zusehend zu. Fast nichts funktionierte mehr, die Wirtschaft war sichtbar in einer Sackgasse angekommen, überall fehlten zudem Arbeitskräfte, so dass das Gesundheitssystem, das Volksbildungssystem oder die Verkehrsbetriebe, um nur einige Beispiele zu nennen, zu kollabieren drohten. Die SED-Medien zeigten sich davon absolut ungerührt, hetzten ungezügelt gegen Flüchtlinge und den Westen und trugen so unfreiwillig zur Zuspitzung bei.

Aber erst als die kleine Opposition mit ihren Aufrufen zur Bildung von Bürgerrechtsbewegungen im Spätsommer an die Öffentlichkeit trat, fanden Hunderttausende neuen Mut. Sie überwanden ihre Angst, engagierten sich, demonstrierten und forderten das Ende der Diktatur. Die SED zeigte sich hilflos. Und da die sowjetischen Panzer nicht eingriffen, weil aus Moskau kein Befehl dazu kam, wurde der Aufstand nicht niedergewalzt. Die Hoffnungslosigkeit und Lethargie hatte weite Teile des SED- und Staatsapparates erreicht und lahmgelegt, so dass auch von hier keine militärische Gegenwehr kam. So blieben nicht nur die Demonstranten, sondern ab 10. Oktober 1989 auch Partei und Staat weithin friedlich. Der von der Gesellschaft erzwungene Mauerdurchbruch am 9. November 1989 besiegelte das endgültige Ende der SED-Diktatur.

85. Was war neu am «Neuen Forum»? Zwar waren seit Anfang 1988 vereinzelt Überlegungen angestellt worden, die Opposition neu zu formieren und neue, landesweite Strukturen zu schaffen, aber Erfolge blieben aus. Bis zum Frühsommer 1989 agierte die Opposition in gewohnten Bahnen. Während die einen sich auf öffentliche Aktionen konzentrierten, dachten andere über neue Strukturen nach, schrieben Offene Briefe und bemühten sich, Gegenöffentlichkeiten herzustellen. Die «Initiative Frieden und Menschenrechte» wollte mit einem Aufruf vom 11. März 1989 eine landesweite Vernetzung erzielen. Der Aufruf gab das Selbstverständnis der Gruppe wieder, das auf strikte Einhaltung der Menschrechte, Demokratisierung, Rechtsstaatlichkeit und die Trennung von Partei, Staat und Gesellschaft abzielte. Dieser Öffnungsversuch blieb relativ erfolglos. Die «Initiative Frieden und Menschenrechte» nahm eine historische Vorreiterrolle ein, ohne aber zur Schrittmacherin zu werden.

Im Juni und Juli 1989 gab es in Ost-Berlin und Leipzig mehrere Treffen, auf denen zwei Dinge zur Sprache kamen: Die Opposition benötige neue Strukturen und diese müssten von vornherein unabhängig von den Kirchen sein. Im Sommer erfuhr das MfS von Plänen, ein «Demokratisches Forum» zu gründen. Bärbel Bohley, von der die Initiative ausging, waren drei Punkte besonders wichtig: Erstens sollte es eine Sammlungsbewegung sein, die offen sei, so dass sich möglichst viele Menschen mit ganz unterschiedlichen politischen Reformvorstellungen ihr anschließen und mit ihr identifizieren könnten. Zweitens sollte es keine Partei sein, sondern eine Vereinigung, die von Anfang an um Legalität bemüht war. Drittens war nicht an radikale Umwälzungen gedacht, sondern an Reformen im bestehenden System. Insofern verfolgten die Initiatoren ein pragmatisches Reformprojekt, das jeder Realpolitiker im Westen so ähnlich formuliert hätte. Am 9. September 1989 kamen knapp 30 Mitstreiter auf das Grundstück von Katja Havemann nach Grünheide bei Berlin. Die meisten waren in der Öffentlichkeit unbekannt, obwohl sich fast alle seit vielen Jahren in oppositionellen Gruppen engagierten. Einen Tag später veröffentlichte die Gruppe den Aufruf «Aufbruch 89 – Neues Forum». Schon der erste Satz saß: «In unserem Land ist die Kommunikation zwischen Staat und Gesellschaft offensichtlich gestört.» Der Ton deutete an, hier melden sich keine Radikalen oder verbissenen Antikommunisten zu Wort, sondern besorgte Bürger und Bürgerinnen, denen es offenbar nicht vordergründig um generelle Schuldzuweisungen, sondern um Krisenüberwindung geht. Es war nicht von Sozialismus die Rede, weder von seinem Erhalt noch von seiner Abschaffung. Die Unterzeichner schlugen vor, einen «demokratischen Dialog» zu beginnen, um «Wege aus der gegenwärtigen krisenhaften Situation» zu finden. Dafür werde das «Neue Forum» als «eine politische Plattform für die ganze DDR» gebildet. Der Aufruf endete mit den Sätzen: «Wir rufen alle Bürger und Bürgerinnen der DDR, die an einer Umgestaltung unserer Gesellschaft mitwirken wollen, auf, Mitglieder des NEUEN FORUM zu werden. Die Zeit ist reif.»

Die Kraft des Aufrufs lag in seiner Benennung von gesamtgesellschaftlichen Problemen, die jedem Menschen aus der eigenen Lebenswirklichkeit bekannt waren. Zugleich aber, und dies war ein weiterer Vorteil, blieb alles so unbestimmt und offen, dass er eine große Sogwirkung entfalten konnte. Jeder sollte sich angesprochen fühlen.

In den nächsten Tagen folgten weitere Aufrufe für neue Bürgerbewegungen wie «Demokratie Jetzt» oder «Demokratischer Aufbruch». Mit diesen Aufrufen hatten sich innerhalb weniger Tage neue, landesweite Oppositionsgruppen öffentlich gezeigt. Die Papiere kursierten schnell im ganzen Land.

Der Zulauf hielt sich zunächst in Grenzen. Zwar schien die Opposition mit ihren verschiedenen Aufrufen eigentümlich zersplittert. Aber im September 1989 war dies ein kaum zu überschätzender Vorteil. Gerade weil die meisten Oppositionellen bis auf wenige Ausnahmen weithin unbekannt waren, trug dieses Gründungsfieber erheblich zur Mobilisierung der Gesellschaft bei. Denn die rasch aufeinander folgenden Nachrichten von immer neuen Aufrufen erweckten den Anschein, dass an vielen Orten ganz unterschiedliche Personen nicht mehr schweigend der Krise zuschauen wollten und andere Handlungsoptionen als die Flucht wählten. Kaum ein Außenstehender wusste, dass die meisten Initiatoren sich lange und gut kannten. Nun gab es auf einmal eine neue Alternative, die nicht mehr Weggehen oder Hierbleiben, sondern nun auch weiter Schweigen oder Einmischen lautete. Die hohe Informationsdichte in den Westmedien trug entscheidend dazu bei, dass die Aufrufe bekannt wurden und sich bald jeder fragen musste, wo er eigentlich stünde. Das hatte zur Folge, dass ab Mitte September das Land von einer wochenlangen Flut von Aufrufen, Resolutionen, Offenen Briefen und bald auch immer wieder neuen Vereinsgründungen überzogen wurde. Mitte September begann Zeit in der DDR allmählich einen neuen Wert anzunehmen, was sich ab Mitte Oktober geradezu dramatisch verstärken sollte.

86. Was wollte die SDP? SED und SPD hatten seit 1982 – nachdem die SPD nicht mehr in der Bundesregierung war – allmählich ihre Kontakte ausgebaut. Viele Sozialdemokraten beäugten diese zweite Phase der SPD-Deutschlandpolitik kritisch. Auch in der DDR empfanden das manche als Anbiederung an die SED. Vor allem stieß bitter auf, dass bis auf ganz wenige Ausnahmen kein prominenter Sozialdemokrat mit Vertretern der Opposition sprach. Allerdings traten manche führende Sozialdemokraten auf ostdeutschen Kirchentagen auf und zogen mit ihren freimütigen Bekenntnissen zur Freiheit tausende in ihren Bann. Im August 1987, wenige Tage bevor Honecker in Bonn von Bundeskanzler Kohl offiziell empfangen wurde, kam das

SED-SPD-Papier «Streit der Ideologien» heraus. Es ging davon aus, dass die Bewahrung des Friedens und die Abrüstung zentrale Pfeiler deutscher Politik und einer Weltinnenpolitik sein müssten. Zur Kultur des Streites gehöre, dass beide Seiten sich gegenseitig anerkennen und respektieren, die gegensätzlichen Positionen akzeptieren, keine Kompromissformeln suchen und Feindbilder vermeiden würden.

Die Wirkungen des Papiers waren verheerend. In der Bundesrepublik hielten Kritiker der SPD vor, die DDR-Realitäten anerkannt, die reformunwillige SED-Führung unterstützt und vor allem, der schlimmste Vorwurf, die freiheitlich-demokratische Gesellschaft und die kommunistischen Regime auf eine Stufe gestellt zu haben. In der DDR war die Wirkung des SED-SPD-Papiers mindestens ebenso verheerend, aber doch ganz anders. Denn der Paukenschlag des Papiers war nur mit dem KSZE-Dokument von 1975 vergleichbar. Wenn sich die SED-Führung zur gleichberechtigten ideologischen Auseinandersetzung mit Sozialdemokraten bekannte, müsste dies auch für «Andersdenkende» in der DDR gelten. Viele Kritiker in der DDR beriefen sich fortan auf Geist und Buchstaben des Papiers und forderten Dialog und Anerkennung ein. Vor diesem Hintergrund war die Initiative zur Bildung einer «Sozialdemokratischen Partei in der DDR» (SDP) eine Sensation, die nicht nur die SED, sondern auch die Entspannungspolitiker der SPD in erhebliche Bedrängnis brachte.

Die beiden Theologen Martin Gutzeit und Markus Meckel hatten seit Anfang 1988 darüber nachgedacht, der Opposition neue Strukturen zu geben. Anfang 1989 schlug Gutzeit seinem Freund Meckel vor, eine Sozialdemokratische Partei zu gründen. Dieser Ansatz war revolutionär: Mit der SDP gäbe es keine Verhandlungen über Reförmchen oder einzelne Zugeständnisse, es ginge dann nur um eine völlige Abschaffung des SED-Systems. Allein schon die Wiederbegründung einer SPD stellte die Legitimität der SED als Partei selbst in Frage, weil ihre Wurzeln in der Zwangsvereinigung von KPD und SPD von 1946 lagen.

Am 24. Juli 1989 schrieben sie einen «Aufruf zur Bildung einer Initiativgruppe mit dem Ziel, eine sozialdemokratische Partei in der DDR ins Leben zu rufen», und machten in den folgenden Wochen ihr Projekt bekannt. Am Rande von Berlin, in Schwante, kam es am 7. Oktober zur Parteigründung, die strikt konspirativ vorbereitet worden war. Zum Ersten Sprecher wählte die Versammlung Stephan Hilsberg, zu Zweiten Sprechern Markus Meckel und Angelika Barbe.

Geschäftsführer wurde IM «Maximilian» alias Manfred Böhme. In den nachfolgenden Wochen ist die Partei ohne Apparat und dazugehörige Technik aufgebaut worden. Bei all diesen Gründungen ist immer zu beachten: Es existierten weder eigene Zeitungen noch andere öffentliche Darstellungsmöglichkeiten, interne Kommunikationsmöglichkeiten gab es kaum, die Verständigung zwischen den Regionen war äußerst kompliziert, viele Akteure verfügten nicht einmal über ein Telefon. Bis zum 14. November war es immerhin gelungen, in elf von 15 Bezirken insgesamt 88 Kontaktadressen anzugeben, die ersten Anlaufstellen für Interessierte. Wie bei den neuen Gruppen ist auch bei der SDP eine genaue Angabe der Mitgliederzahlen kaum möglich. Bis zum 14. November lag die Zahl bei zwischen 500 und 1000.

87. Was waren die «Montagsdemos»?

In Leipzig bildeten sich ab 1987 neue Oppositionsgruppen, die vor allem ab 1988 öffentliche Proteste initiierten und mit einigen Aktionen über die Stadtgrenzen hinaus für Aufsehen sorgten. Zugleich gab es hier wie in vielen anderen Städten seit Ende der siebziger Jahre die Tradition der Friedensgebete. An der Vorbereitung und Durchführung waren in Leipzig die Basisgruppen aktiv und selbständig beteiligt. Nach den Berliner Ereignissen vom Januar 1988 – am Rande der offiziellen Liebknecht-Luxemburg-Demonstration protestierten Ausreisewillige und Oppositionelle, es kam zu zahlreichen Festnahmen und später auch zu Ausbürgerungen prominenter Ostberliner Oppositioneller – erhielten die Friedensgebete starken Zulauf durch Ausreisewillige. Das geschah im ganzen Land. Und immer wieder kam es nach den Friedensgebeten und Gesprächsrunden zu Demonstrationen, auch in Leipzig, hier sogar das ganze Jahr über. Am 14. März 1988 etwa, während der Leipziger Frühjahrsmesse, zog ein Demonstrationszug von etwa 100 bis 120 Personen durch die Innenstadt. Es kam zudem zu Konflikten zwischen Kirche und Oppositionsgruppen. Nach Verboten, Protesten und innerkirchlichen Disziplinierungen sind die «Friedensgebete» schließlich im Mai 1989 in «Montagsgebete» umbenannt worden.

Nach der Sommerpause begannen am 4. September die «Montagsgebete» in der Leipziger Nikolaikirche wieder. Etwa 1000 Menschen nahmen daran teil, 800 versuchten anschließend zu demonstrieren. Auf Transparenten hieß es «Für ein offenes Land mit freien Menschen», «Versammlungsfreiheit – Vereinigungsfreiheit» und «Reisefreiheit statt Massenflucht». Ähnliches geschah auch eine Woche später. Es erfolgten jeweils Verhaftungen, die die Menschen nur noch mehr erzürnten. Ab 14. September fanden in Leipziger Kirchen fast täglich Fürbittandachten für die Verhafteten sowie für gesellschaftliche Veränderungen statt. Beim nächsten «Montagsgebet» verdoppelte sich die Anzahl der Teilnehmer fast auf etwa 1800, auch die Zahl der Demonstranten erhöhte sich auf bis zu 3000. Das halbe Land blickte mittlerweile montags nach Leipzig, am 25. September drängten sich 2000 bis 2500 Teilnehmer in der Nikolaikirche, die wegen Überfüllung geschlossen werden musste. Erstmals zogen 4000 bis 8000 Menschen über einen Teil des Leipziger Rings. Sie riefen «Freiheit», sangen die «Internationale» und skandierten «Neues Forum».

Am 2. Oktober zog das Innenministerium ungewohnt viele Polizei- und Kampfgruppenverbände in Leipzig zusammen. Etwa eine halbe Stunde vor Beginn des Montagsgebets um 17.00 Uhr musste die Nikolaikirche wegen Überfüllung geschlossen werden. Es öffnete eine zweite Kirche ihre Pforten. Tausende Menschen demonstrierten anschließend in der Innenstadt, die Angaben schwanken zwischen 8000 und 25 000. Erstmals waren die Rufe «Wir bleiben hier» deutlich lauter als «Wir wollen raus». Leipzig erlebte die größte oppositionelle Demonstration seit dem 17. Juni 1953.

Am nächsten Montag, dem 9. Oktober, herrschte eine unglaubliche Anspannung in der Stadt. Es gab nur ein Thema: kommt es heute Abend zur militärischen Niederschlagung («chinesische Lösung») oder nicht? In vier Leipziger Kirchen hatten sich tausende Bürger zum Montagsgebet eingefunden. Als sie etwa eine Stunde später die Kirchen verließen, warteten draußen zehntausende, es ist die Rede von bis zu 70 000 Demonstranten. Damit hatte niemand gerechnet. Die Demonstranten skandierten: «Wir sind das Volk!» Kurz nach 18.35 Uhr entschieden Leipziger Verantwortliche – die Ostberliner Zentrale schwieg –, nicht einzugreifen. Als sich herumsprach, dass in Leipzig alles friedlich blieb und der Staat sich zurückzog, stellte sich im ganzen Land Freude und unglaubliche Erleichterung ein.

Die Oppositionellen Siegbert Scheffke und Aram Radomski aus Ost-Berlin, im Besitz einer Kamera, die sendefähig aufnahm, filmten von einer Kirche konspirativ die Massendemonstration in Leipzig. Die Kamera hatte der 1983 ausgebürgerte und nun in West-Berlin lebende Bürgerrechtler Roland Jahn besorgt. Er organisierte auch, dass bundesdeutsche Nachrichtensendungen am nächsten Abend die ersten Bilder von dieser Demonstration in Leipzig ausstrahlten. Die Stadt wurde – obwohl es auch in vielen anderen Städten «Montagsdemonstrationen» gab – zum Fanal wegen der großen Zahl der Demonstranten und wegen der weltweit ausgestrahlten Fernsehbilder. Noch konnte niemand ahnen, dass dieser Tag historische Bedeutung erlangen würde und die Menschen näher an ihrer Selbstbefreiung waren, als irgendjemandem bewusst war.

88. Warum fiel die Mauer gerade am 9. November 1989? Seit Wochen hielt der Flüchtlingsstrom von DDR-Bürgern über Ungarn nach Österreich und von dort in die Bundesrepublik an, Ende September 1989 saßen zudem tausende Menschen in der bundesdeutschen Botschaft in Prag fest, in Warschau nochmals über 800. Am 29. September 1989 beschloss das SED-Politbüro, die in den beiden Botschaften befindlichen Menschen mit Zügen der Deutschen Reichsbahn über DDR-Territorium in die Bundesrepublik ausreisen zu lassen. Am 30. September eilte Bundesaußenminister Genscher nach Prag und verkündete vom Balkon der Botschaft unter dem Jubel Tausender die bevorstehende Ausreise. Die Züge mit den Flüchtlingen fuhren nicht nur über DDR-Gebiet, um Stärke zu demonstrieren. Da weder SED noch MfS genau wussten, wer die insgesamt 5500 Menschen eigentlich waren, war dies die einzige Möglichkeit, alle genau zu identifizieren: man nahm ihnen die Personaldokumente ersatzlos ab.

Wenige Tage später waren bereits wieder Tausende auf dem Prager Botschaftsgelände und wollten abhauen. Ein SED-Kommentar stachelte die aufgeheizte Atmosphäre noch an: Die Ausgereisten «haben durch ihr Verhalten die moralischen Werte mit Füßen getreten und sich selbst aus unserer Gesellschaft ausgegrenzt. Man sollte ihnen deshalb keine Träne nachweinen.» Die meisten Menschen zeigten sich fassungslos angesichts dieser Kaltherzigkeit. Egon Krenz als zuständiger ZK-Sekretär für Sicherheitsfragen unterbreitete am 3. Oktober Honecker drei Alternativen, die bereits Mitte August entwickelt worden waren: 1. die Bundesregierung erkennt endlich die DDR-Staatsbürgerschaft an und anschließend würden die Reisemöglichkeiten erweitert; 2. zeitweilige Schließung aller Grenzen; 3. sofortige Mitteilung, jeder könne ab sofort reisen, wohin er wolle und jeder könne die DDR verlassen und wieder einreisen. Die 3. Variante galt als nicht «zweckmäßig», der augenblickliche Verlust läge sicher bei hunderttausenden von Menschen. «Die 1. Variante hätte vor allem propagandistischen Effekt, würde aber kaum zu einer Lösung führen.» Und schließlich steht in dem Papier: «Die 2. Variante könnte die Lage im Inneren bis zur Nichtmehrbeherrschbarkeit anheizen. Außerdem müssten alle Grenzen abgeriegelt werden (Einsatz der Landstreitkräfte und der Kampfgruppen wären nötig ...).» Krenz schlug dennoch vor: «Ich würde die zweite Variante empfehlen.» Um 17.00 Uhr schloss die DDR ihre Grenzen zum Nachbarland. Zugleich entschied das SED-Politbüro, die Menschen in der Prager Botschaft abermals über DDR-Gebiet in die Bundesrepublik ausreisen zu lassen. Am 4. und 5. Oktober kam es deshalb in Dresden zu stundenlangen Schlachten zwischen bis zu 20 000 Demonstranten und Polizeikräften. Und nicht nur in Dresden, sondern auch in anderen Städten entlang der Fahrstrecke wie Plauen, Reichenbach, Freiberg, Werdau, Bad Brambach oder Karl-Marx-Stadt kam es zu Auseinandersetzungen und Festnahmen.

Die gesellschaftliche Emanzipationsbewegung schritt immer weiter voran, so dass die SED-Führung die Grenzen zur ČSSR am 1. November wieder öffnete. Der Flüchtlingsstrom setzte unmittelbar darauf erneut ein. Zwei Tage später beschloss das SED-Politbüro auf Druck der ČSSR, die Flüchtlinge in Prag direkt in die Bundesrepublik ausreisen zu lassen, also nicht mehr über den Umweg über die DDR. Allein am Wochenende vom 4. und 5. November flüchteten so über 23 000 Menschen. Die Mauer war fast gefallen.

Am Nachmittag des 9. November präsentierte Krenz dem SED-Zentralkomitee eine neue Verordnung. Seit Wochen war im ZK und im Ministerrat fieberhaft an einer Lösung des Flucht- und Reiseproblems gearbeitet worden. Von den drei im August ausgearbeiteten Alternativen standen zwei noch immer zur Verfügung: erneute Schließung aller Grenzen oder geregelte Öffnung. Prag hatte wieder auf eine schnelle Lösung gedrängt. Krenz entschied sich diesmal nicht für die Kamikaze-Lösung (Schließung der Grenzen), die noch mehr als Anfang Oktober bürgerkriegsähnliche Zustände hätte provozieren können. Im Kern lautete der Beschluss, bis zur Verabschiedung eines Reisegesetzes könnten ständige Ausreisen über alle Grenzübergangsstellen der DDR zur Bundesrepublik und nach West-Berlin ab dem nächsten Tag erfolgen. Krenz gab die Anweisung, dass noch am Abend die neue Regelung öffentlich verkündet werden sollte. Die Behörden der Polizei, die für die Ausgabe der Reisepässe zuständig waren, erhielten bereits gegen 18.00 Uhr eine Mitteilung über die neue Verfügung, um sich auf den erwarteten Ansturm am nächsten Morgen vorbereiten zu können.

Um 18.00 Uhr begann eine Pressekonferenz. Kurz vor 19.00 Uhr fragte ein Journalist, was mit dem Reisegesetz sei. Politbüromitglied Schabowski las stotternd, sich nach links und rechts umschauend, die Pressemitteilung vor und tat so, als wüsste er nicht, was er da soeben vorgelesen hatte. Die Folgen seiner Bemerkung, die Regelung gelte «ab sofort», waren von ihm nicht einkalkuliert worden. Es handelte sich tatsächlich um die bereits im August erdachte Lösung: den Kessel öffnen, Druck ablassen und ihn dann – was wenig bekannt ist – wieder schließen. Die anwesenden Journalisten verstanden sofort, was ihnen soeben präsentiert worden war. Ab 19.03 Uhr liefen die Ticker heiß, wenige Stunden später war die Mauer offen. Der Mauerfall war ein Mauerdurchbruch. Die Öffnung war keine freie Entscheidung der SED-Führung. Die DDR-Gesellschaft erzwang sie.

89. Welche Strategie verfolgte die SED 1989/90? Die SED-Führung schien sich im Sommer 1989 in den Urlaub verabschiedet zu haben. Es gab keine Reaktionen, die darauf schließen ließen, dass ihr der Ernst der Lage bewusst sei. Auch SED-Reformer zeigten sich öffentlich nicht. Wie später zu erfahren war, weil es sie einfach nicht gab. Im Januar hatte Honecker verkündet, die Mauer würde auch in 50 oder 100 Jahren noch stehen. Einige Monate später, der SED-Chef war mittlerweile schwer erkrankt, ließ er verlauten: «Den Sozialismus in seinem Lauf hält weder Ochs noch Esel auf.» Die Menschen schüttelten angesichts solcher Einlassungen nicht mehr nur fassungslos mit dem Kopf, viele flüchteten in die Freiheit oder engagierten sich für Freiheit in der DDR.

Seit September wuchs der Druck auf das Regime täglich: durch den Flüchtlingsstrom, die neuen Bürgerbewegungen und die immer größer werdenden Massendemonstrationen. Das Regime betrieb bis Mitte Oktober unbeirrt die gewohnte Hetze gegen alle Andersdenkenden. Erstmals am 17. Oktober versuchte das SED-Politbüro auf die Ereignisse anders als bislang zu reagieren. Erich Honecker wurde einstimmig – auch mit seiner eigenen Stimme – als SED-Chef abgesetzt. Sein Nachfolger wurde Egon Krenz. Am Abend des 18. Oktober wandte er sich mit einer Fernsehansprache an die Öffentlichkeit. Schon der erste Satz zeigte, dass Krenz nicht fähig war, in dieser Situation auch nur annähernd angemessen aufzutreten. Er begann mit: «Liebe Genossinnen und Genossen!» Er bekannte sich zur Kontinuität der SED-Politik. An keiner Stelle machte er deutlich, was sich konkret ändern würde. Er redete wie ein Parteisekretär in einer Parteiversammlung. Mit Krenz hatte sich die SED-Führung den Chef auserwählt, den sie verdiente. Kaum ein anderer Funktionär vereinte in seiner Person so stark all das, wogegen die Gesellschaft aufbegehrte. Das Erstaunlichste an der Politik von Krenz aber war, dass sie nicht stattfand. Er versuchte zu retten, was zu retten war – und scheiterte grandios. Das Politbüro wusste zu diesem Zeitpunkt, dass die Volkswirtschaft praktisch am Ende und mit dem alten System aus der Sackgasse kein Entkommen möglich war.

Nach der Maueröffnung schien dann das Schicksal der SED endgültig besiegelt. Bis Ende Dezember hatten die Partei rund 900 000 Mitglieder verlassen, die Mitgliederzahl betrug offiziell noch 1,463 Millionen. Am 13. November ernannte die Volkskammer Hans Modrow zum neuen Ministerpräsidenten. Es war der letzte Versuch, die Macht zu retten. Tragfähige Konzepte hatte aber auch er nicht.

Anfang Dezember befand sich die SED in einem Prozess der Selbstauflösung. Völlig handlungsunfähig sah die Parteispitze tatenlos zu. Verhaftungen von ranghohen Parteifunktionären schienen die Kopflosigkeit nur zu bestätigen. Die fast täglichen neuen Enthüllungen über Amtsmissbrauch und Korruption, über Waffenhandel und verdeckte Westgeschäfte, über den Bankrott der Wirtschaft und geheime Devisenkonten wurden durch Gerüchte über Geldverschiebungen ins Ausland und Aktenvernichtungen noch aufgeladen. Hinzu kam, dass Milliarden verschoben wurden und Funktionsträger des Systems Grundstücke und Eigenheime weit unter dem Marktwert erwerben konnten.

Ein außerordentlicher SED-Parteitag tagte am 8./9. und 16./17. Dezember 1989. Vier Ergebnisse waren wichtig: Erstens begann die Häutung der SED durch die Veränderung des Namens. Rechtsanwalt Gregor Gysi schlug dies bereits in seiner ersten Rede am 8. Dezember vor und der Parteitag folgte ihm am 16. Dezember. Fortan nannte sich die Partei SED/PDS, ab Februar 1960 dann nur noch «Partei des Demokratischen Sozialismus» (PDS). Zweitens erhielt die Partei mit Gysi einen neuen Vorsitzenden. Das war der beste Schachzug der Partei in diesen Wochen. Denn Gysi genoss zu dieser Zeit auch bei seinen politischen Kontrahenten hohes Ansehen aufgrund seiner Schlagfertigkeit, seines Witzes, seines rhetorischen Vermögens und weil er sich in dem, was er öffentlich sagte, entschieden von all seinen Vorgängern unterschied. Seine Verstrickungen in den SED-Staat waren nicht bekannt. Drittens, die historisch gewichtigste Entscheidung, konnte die neue Führungsgruppe die von Teilen der Basis geäußerte Forderung abwenden, die Partei aufzulösen. Das Hauptargument gegen die Auflösung lautete, dass damit auch das riesige Vermögen verloren ginge. Ein Verbot der SED ist nie ernsthaft diskutiert worden. Schließlich viertens: Auf diesem Parteitag begann eine emotionale Debatte über die kommunistische Vergangenheit und die Geschichte der SED. Anders als oft dargestellt, war die Debatte monatelang offen und nicht von vorgestanzten Ergebnissen geprägt. Keine andere politische Altpartei hat sich bis etwa 1992 einer solch breiten Diskussion unterzogen.

Bei den ersten freien demokratischen Wahlen am 18. März 1990 errang die SED über 16 Prozent der Stimmen, fast 1,9 Millionen Menschen stimmten für sie. Das kommunistische und postkommunistische Milieu blieb in Ostdeutschland als künftiger politischer Faktor sichtbar.

90. Liebte MfS-Minister Mielke alle Menschen?

Am 13. November 1989 spielten sich in der Volkskammer ungewöhnliche Szenen ab. Erstmals wurde den knapp 500 Funktionären, die sich Abgeordnete nannten, vom Finanzminister Ernst Höfner sowie vom Chef der Plankommission, Gerhard Schürer, mitgeteilt, dass das Land bankrott sei. Der berühmte Höhepunkt des Tages ereignete sich aber, als MfS-Minister Erich Mielke das Wort ergriff. Zunächst lachte das Auditorium, als er bekannte, sein Ministerium habe «einen außerordentlich hohen Kontakt zu allen werktätigen Menschen». Mielke zeigte sich verunsichert, sprach die Abgeordneten mehrfach mit «Genossen» an, so wie es bislang üblich war. Eine Blockflöte meldete sich nun und sprach zur «Geschäftsordnung»: «In dieser Kammer sitzen nicht nur Genossen.» Mielke antwortete historisch und politisch absolut korrekt: «Ich bitte, das ist doch nur eine formale Frage.» Der MfS-Minister, der ohne vorbereitete Rede auftrat, war völlig aus dem Konzept gebracht und stotterte unter dem Gelächter der Abgeordneten «Ich liebe doch alle Menschen ...» Es wurde das geflügelte Wort der Jahre 1989/90. Millionen lachten seither immer wieder darüber. In Mielkes Ministerium entfachte dieser Auftritt blankes Entsetzen.

Kaum etwas hat den inneren Erosionsprozess des MfS so beschleunigt wie diese Rede.

Gewiss, Mielke reagierte nicht adäquat. Seine Arbeit und sein Ministerium zum Liebesministerium umzudichten, war nicht nur lachhaft, sondern ein Schlag ins Gesicht für Hunderttausende. Aber, was wollte Mielke mit seiner Rede eigentlich erreichen? Er hatte nicht geplant, Liebeserklärungen abzugeben. Sein spontaner Ausruf, «Ich liebe doch alle Menschen ...», richtete sich allein an die Abgeordneten und war eine Reaktion darauf, ob er sie nun mit «Genossen» anrede oder nicht. Mit seiner Rede wollte er die bis vor Minuten noch verbündeten Abgeordneten darauf hinweisen, dass sein Ministerium in den letzten Monaten und Jahren der SED-Führung in dichter Folge realitätsnahe Analysen über die gesellschaftliche Situation vorgelegt und immer wieder darauf hingewiesen hatte, dass bei einer Beibehaltung der bisherigen Politik das System in existenzielle Nöte gerate.

In historischer Perspektive hatte er Recht. Mielkes Ministerium wollte keinen anderen DDR-Sozialismus, es hat aber die SED seit 1987 in einem Maße auf Gefahren hingewiesen, wie niemals zuvor in der DDR-Geschichte. Mielke bot keine Alternativen an, dies war auch nicht seine Aufgabe, er war auch nicht reformorientiert. Aber er drängte mehrfach auf politische Lösungen und Veränderungen, was auch immer er sich darunter vorstellte. Er plädierte für vorsichtige Wandlungen im System: weiterhin unnachgiebig gegen Feinde und Gegner vorgehen, aber zugleich offensiv der Gesellschaft neue politische Angebote unterbreiten.

91. Was war der Runde Tisch? Seit in Polen Anfang 1989 ein Runder Tisch einberufen worden war, an dem die friedliche Machtübergabe verhandelt wurde, galt dieses Modell auch in der Opposition der DDR als anstrebenswert. Der Tisch war «rund», um die politische Gleichberechtigung aller Verhandlungspartner zu symbolisieren. Konkrete Forderungen der Opposition nach diesem «Möbelstück» sind im Oktober 1989 erhoben worden. Zwei Wochen vor seinem Rücktritt kündigte Krenz namens der SED am 22. November an, sich an einem «Runden Tisch» zu beteiligen. Er hoffte, die Gesellschaft mit diesen Gesprächen beruhigen zu können. Ausdrücklich betonte er intern, keine «polnischen Verhältnisse» anzustreben und nicht die Macht über Verhandlungen am «Runden Tisch» abgeben zu wollen.

Die erste Sitzung des «Zentralen Runden Tisches» fand am 7. Dezember statt. Anders als in Polen war der konkrete Verhandlungstisch in der DDR übrigens nicht rund, sondern viereckig. Insgesamt gab es 16 Sitzungen. Daran waren zunächst von den alten Blockkräften mit je drei Stimmen die SED, CDU, DBD, LDPD und NDPD sowie von der Opposition mit je zwei Stimmen «Demokratischer Aufbruch», «Demokratie Jetzt», «Initiative Frieden und Menschenrechte», «Neues Forum» (3 Sitze), SDP, «Vereinigte Linke» und die Grünen beteiligt, so dass beide Seiten je 15 Stimmen aufwiesen. Ab der zweiten Sitzung kamen noch mit je zwei Stimmen für die alten der FDGB und die «Vereinigung der gegenseitigen Bauernhilfe» und für die neuen Kräfte die «Grüne Liga» und der «Unabhängige Frauenverband» hinzu. Als Moderatoren agierten drei Kirchenmänner.

Die Einberufung des «Zentralen Runden Tisches» bedeutete den symbolischen Sieg der Opposition, der andauernden Massendemonstrationen gegen das SED-Regime und der Massenflucht. Das Signal verstand fast jeder, auch wenn vielen die endgültige Machtabgabe der SED zu langsam ging. Am Beginn stand fest, dass der «Zentrale Runde Tisch» weder parlamentarische noch Regierungsfunktionen ausüben könne. Er wollte die «Offenlegung der ökologischen, wirtschaftlichen und finanziellen Situation in unserem Land» bewirken und Vorschläge zur Krisenüberwindung vorlegen. Als Kontrollorgan forderte er, «von der Volkskammer und der Regierung, rechtzeitig vor wichtigen rechts-, wirtschafts- und finanzpolitischen Entscheidungen informiert und einbezogen zu werden». Der Runde Tisch verstand sich «als Bestandteil der öffentlichen Kontrolle in unserem Land. Geplant ist, seine Tätigkeit bis zur Durchführung freier, demokratischer und geheimer Wahlen fortzusetzen.» In diesem Selbstverständnis wird deutlich, wie sehr sich die Teilnehmer bewusst waren, dass ihnen eine demokratische Legitimation fehlte, sie nur demokratische Wahlen vorbereiten könnten und solange Kontrollaufgaben wahrnehmen und die Öffentlichkeit informieren müssten. Seinem Beispiel folgten in den kommenden Tagen und Wochen hunderte Städte und Kommunen. Diese Runden Tische trugen entscheidend dazu bei, dass die Machtabgabe friedlich verlief.

Der «Zentrale Runde Tisch» stellte einen öffentlichen Lernort für Demokratie und demokratisches Handeln dar. Erstmals haben Millionen Fernsehzuschauer demokratische Aushandlungsprozesse in eigener Sache öffentlich mitverfolgen können. Langwierige Geschäftsordnungsdebatten, Fragen von Arbeitsmöglichkeiten, das Ringen um einzelne Formulierungen, Protestbekundungen – das und vieles andere gehörte dazu. Die wichtigste Funktion des «Zentralen Runden Tisches» erfüllte er trotz heftiger Debatten sehr erfolgreich. Es kam am 18. März 1990 zu freien, demokratischen Wahlen.

92. Wie wurde das MfS aufgelöst? In zunehmendem Maße zogen Demonstranten ab Mitte Oktober 1989 auch an MfS-Dienststellen vorbei und forderten lautstark das Ende der Geheimpolizei. Tag für Tag verdichteten sich derweil Gerüchte, SED und MfS würden Akten und Unterlagen zerstören. Tatsächlich existierten dafür Anordnungen. Anfang November 1989 erging ein Befehl, Akten und Karteien gezielt zu vernichten. Da es sich um zehntausende Tonnen Papier handelte, kam die Vernichtungsaktion allerdings schleppender voran als geplant.

Am 3. Dezember rief das «Neue Forum» dazu auf, die Vernichtung von Akten zu verhindern und Kontrollmaßnahmen einzuleiten. Am nächsten Tag begannen beherzte Bürger zu handeln. Aktenkundig zuerst in Rathenow, wo gegen 8.30 Uhr einige Männer und Frauen die MfS-Kreisdienststelle, aber auch die SED-Kreisleitung und das Volkspolizeikreisamt blockierten und Taschen und Autos kontrollierten, um zu verhindern, dass Unterlagen beiseite geschafft würden. Wenige Minuten später, um 8.42 Uhr versammelten sich die ersten Menschen vor der MfS-Bezirksverwaltung Erfurt. Bald wurden die Zugänge mit Autos blockiert, der Leiter ließ einige Personen ins Gebäude herein, mittags durchbrach ein LKW den Schlagbaum und einige hundert Menschen besetzten das Gebäude.

Erfurt stand am Beginn einer Besetzungswelle von MfS-Einrichtungen im ganzen Land, die mehrere Tage anhielt. Die meisten MfS-Besetzungen waren aber gar keine, sondern Begehungen, Versiegelungen und Kontrollgänge. In vielen Städten erfolgte dies in Zusammenarbeit zwischen spontan gegründeten Bürgerkomitees sowie der Polizei und der Staatsanwaltschaft. Die Modrow-Regierung beschloss noch am 7. Dezember, die Aktenvernichtung fortzusetzen. Von den 15 MfS-Bezirksverwaltungen waren Mitte Dezember immer noch 11 arbeitsfähig, lediglich die in Leipzig, Rostock, Dresden und Erfurt waren von der Opposition weitgehend lahmgelegt. Effektiv war die Auflösung der Kreisdienststellen, deren Arbeit flächendeckend bis Mitte Dezember zum Erliegen kam.

Das «Neue Forum» rief für den 15. Januar 1990 zu einer Demonstration vor der noch voll funktionstüchtigen MfS-Zentrale in Ost-Berlin auf. Symbolisch sollten die Tore zugemauert werden. Am späten Nachmittag versammelten sich bis zu 100 000 Menschen vor der Zentrale. Wie von Geisterhand öffneten sich auf einmal die Tore und Zehntausende strömten auf das weitflächige Areal. Wer die Tore öffnete, blieb umstritten, ebenso die Frage, wer für die wenigen Zerstörungen verantwortlich war.

Was nun folgte, ist der Beginn einer langen, weit über den 18. März 1990 hinaus reichenden Geschichte. Verschiedene Akteure blockierten sich gegenseitig, stritten um Kompetenzen. Niemand war dabei frei von Fehlern. Zum zentralen Gegenstand der Debatten wurde die Frage, wie künftig mit den Akten umgegangen werden solle. Mit Pfarrer Joachim Gauck als Vorsitzendem setzte die Volkskammer im Juni 1990 einen Sonderausschuss ein, die Keimzelle der späteren Behörde des Sonderbeauftragten (ab 3.10.1990) bzw. des Bundesbeauftragten für die Unterlagen des Staatssicherheitsdienstes (ab 1.1.1992). Die Volkskammer verabschiedete noch im August 1990 ein Stasiunterlagengesetz. Nachdem dieses gegen den Protest der Volkskammer keine Berücksichtigung im Einigungsvertrag gefunden hatte, besetzten Bürgerrechtler am 4. September 1990 die einstige MfS-Zentrale und forderten, den Einigungsvertrag entsprechend zu ändern. Die damalige Bundesregierung, namentlich Kanzler Kohl und Innenminister Schäuble, wehrte sich heftig gegen den offenen Umgang mit den MfS-Unterlagen. Schließlich gab es dennoch eine protokollarische Zusatzvereinbarung, der neue Bundestag würde auf der Grundlage des Volkskammergesetzes ein entsprechendes Bundesgesetz verabschieden. Am 2. Januar 1992 öffnete der Bundesbeauftragte Gauck die Akten nach rechtsstaatlichen Prinzipien. Seine Nachfolgerin wurde im Jahr 2000 die DDR-Bürgerrechtlerin Marianne Birthler, die im Herbst 1992 als Bildungsministerin Brandenburgs aus Protest wegen der MfS-Verstrickungen von Ministerpräsident Manfred Stolpe zurückgetreten war. Immer wieder ist über die Existenz der Behörde und über die Öffnung der Akten heftig gestritten worden.

Der Untergang des MfS war nicht nur symbolisch von hohem Wert. Vielmehr wurde das SED-Regime durch ihn endgültig seiner Macht beraubt. Mit Stichtag 30. Juni 1990 galt das MfS offiziell als endgültig aufgelöst. Nur die Öffnung der Akten aber ermöglichte zehntausenden Menschen eine politische und moralische Rehabilitierung für geschehenes Unrecht. Auch die Erforschung der SED-

Diktatur wäre ohne diese Akten weit hinter dem heutigen Stand zurückgeblieben. Und noch immer gibt es Jahr für Jahr etwa 100 000 Anträge von Bürgern und Bürgerinnen, die wissen wollen, ob und was das MfS über sie an Berichten, Einschätzungen und Informationen gesammelt hat.

93. Warum kam die Einheit ausgerechnet am 3. Oktober 1990?

Bei den Volkskammerwahlen am 18. März 1990 stand eine Frage für die Wähler und Wählerinnen im Zentrum: wie schnell und auf welchem Wege sollte die Herstellung der deutschen Einheit erfolgen. Das Wahlergebnis war überraschend eindeutig: fast die Hälfte votierte für das Wahlbündnis «Allianz für Deutschland», ein Zusammenschluss aus Ost-CDU, Deutscher Sozialer Union und Demokratischem Aufbruch. Unterstützt wurde die Allianz von der West-CDU, die Wähler stimmten also im Kern für Bundeskanzler Kohl, der für den schnellsten Weg zur Einheit stand und dabei auch die größten Versprechen gegeben hatte. Der designierte DDR-Ministerpräsident Lothar de Maiziere (Ost-CDU) erklärte noch am Wahlabend, er hoffe, die Menschen könnten bereits im Sommer mit «richtigem Geld» reisen.

Am 1. Juli 1990 trat die zwischen beiden deutschen Regierungen vereinbarte Wirtschafts-, Währungs- und Sozialunion in Kraft. Die D-Mark war zur offiziellen Währung in der DDR geworden. Die außenpolitischen Rahmenbedingungen für die Herstellung der deutschen Einheit sind in den 2+4-Verhandlungen vereinbart worden. Neben den beiden deutschen Staaten nahmen daran die vier Siegermächte des Zweiten Weltkrieges – USA, UdSSR, Großbritannien und Frankreich – teil. Die innenpolitischen Voraussetzungen für die Einheit regelte der «Einigungsvertrag», ein umfassendes Vertragswerk von etwa 1000 Seiten, das selbst die meisten Abgeordneten aufgrund der knappen Zeit nicht eingehend lesen konnten. In der Nacht vom 22. zum 23. August 1990 beschloss die Volkskammer mit 294 Stimmen bei 62 Gegenstimmen und 7 Enthaltungen den Beitritt der DDR zur Bundesrepublik nach Artikel 23 des Grundgesetzes. Die Gegenstimmen kamen auch deshalb zustande, weil den Abgeordneten zu diesem Zeitpunkt der Einigungsvertrag noch nicht vorlag. Dieser wurde am 31. August von den beiden Verhandlungsführern Wolfgang Schäuble und Günther Krause unterzeichnet. Um Mitternacht am 2. Oktober 1990 hörte die DDR auf zu existieren, zeitgleich um 0 Uhr am 3. Oktober 1990 war die Wiedervereinigung zur Realität geworden.

Niemand konnte leugnen, dass dies alles in großer Hast geschah. Die ostdeutsche Gesellschaft hatte es so gewollt. Aber auch außenpolitisch war Eile geboten, weil niemand vorhersehen konnte, wie lange Moskau die gegebenen Versprechungen einhalten würde. Spätestens als es im Sommer 1991 in Moskau zu einem Putschversuch extrem konservativer Kommunisten gegen Gorbatschow und Jelzin kam, zeigte sich, dass das Zeitfenster für die Wiedervereinigung tatsächlich schmal und gefährdet war. Für Deutschland war vor allem die weitere Mitgliedschaft im westlichen Militärbündnis, der NATO, von hoher Priorität. Gorbatschow hatte dem zugestimmt. In der Moskauer Führung gab es viele Gegner dieser Regelung, wie man wusste. Letztlich waren die Gefahren erst endgültig ausgeräumt, als 1994 der letzte sowjetische Soldat friedlich Ostdeutschland verlassen hatte.

Warum ausgerechnet der 3. Oktober ausgewählt worden war – noch dazu ein Mittwoch –, ist umstritten. Am wahrscheinlichsten scheint, dass es keinen 41. DDR-Jahrestag mehr geben und so den Gegnern der deutschen Einheit die «offizielle» Möglichkeit für einen Propagandafeldzug genommen werden sollte – der 7. Oktober wäre in der DDR immerhin ein staatlicher Feiertag gewesen. Der 3. Oktober löste als «Tag der Deutschen Einheit» zugleich den 17. Juni ab. So feiert Deutschland seine Einheit und Freiheit seither ausgerechnet an dem Tag, an dem technokratisch die Einheit durch «große Männer» hergestellt wurde. Viele andere Tage – 18. März, 17. Juni, 9. Oktober oder 9. November – wären dafür weitaus besser geeignet, weil diese Tage in ihrer Widersprüchlichkeit weitaus stärker die deutsche Geschichte spiegeln, auch mahnen (9. November!). Zugleich steht fast jeder dieser Tage – der 9. November wiederum nur eingeschränkt, aber dies macht ihn vielleicht gerade zu dem deutschen Erinnerungs- und Gedenktag schlechthin – auf seine Weise für Freiheit und Einheit und symbolisiert die Wirksamkeit gesellschaftlicher Prozesse und weniger die Resultate staatlichen Handelns. Denn die Ermöglichung der deutschen Einheit war vor allem ein Werk der nach Freiheit drängenden osteuropäischen und ostdeutschen Gesellschaften.

94. Fand 1989 in der DDR eine Revolution statt? Revolutionen sind in der Weltgeschichte höchst unterschiedlich abgelaufen. Allgemein stoßen Unruhen, Proteste, Demonstrationen und Streiks meist auf die Unfähigkeit der Herrschenden, auf eine existierende Krise zu reagieren. Die Machthaber weigern sich zudem, ihre Privilegien einzuschränken und die Partizipationsmöglichkeiten für die Gesellschaft zu erweitern, was zur Eroberung und Zerstörung von Regierungs- und Herrschaftsinstitutionen durch die Revolutionäre führt. Erfolgreiche Revolutionen gelingen fast nie gegen stabile Systeme, meistens sind diese geschwächt. Innen- und außenpolitische Destabilisierungsfaktoren kommen fast immer zusammen. Revolutionen haben mehrere Ziele: die Ablösung der bisherigen Machteliten, die Aufhebung der Herrschafts- und Autoritätsverhältnisse zugunsten der bislang Unterprivilegierten, den radikalen Umbau der politischen, ökonomischen, kulturellen und sozialen Struktur, die Herstellung einer neuen Verfassungsordnung und eines neuen Rechtssystems. 1989/90 ist dies in der DDR geschehen.

Die Revolutionen, wie sie 1989/90 im kommunistischen Machtbereich stattfanden, benötigten weder einen universalistischen Fortschrittsanspruch noch eine besondere philosophische Fundierung. Sie erstrebten nicht etwas prinzipiell Neues, sondern wollten Offene Gesellschaften, wie sie in den westlichen Demokratien zu existieren schienen. Deshalb brauchte «1989» zwar Mobilisierungseliten in Form von Bürgerbewegungen, aber keine charismatischen Führungseliten. 1989/90 war eine utopiefreie Revolution.

Für die DDR 1989 kann man festhalten: die alte Ordnung war handlungsunfähig, delegitimiert und moralisch kompromittiert; die von ihr vertretenen Werte und Überzeugungen zerschlissen; Bürger- und Massenbewegungen stellten sich ihr entgegen und forderten neue politische, gesellschaftliche, ökonomische und kulturelle Strukturen; eine neue Ordnung wurde errichtet; innerhalb weniger Monate beseitigte die Bewegung alte Strukturen, Werte, Ideen, Kulturen und Herrschaftseliten, fast nichts war im öffentlichen Raum mehr wie zuvor.

Dennoch gibt es viele Vorbehalte gegen die Verwendung des Begriffs Revolution. Solche Einwände werden auf mehreren Ebenen erhoben, wobei gerade die Vielschichtigkeit zeigt, dass die Ablehnung des Begriffs weder auf eine bestimmte politische Haltung noch eine spezielle wissenschaftliche Methode, weder auf die regionale Herkunft noch ein spezifisches Sozialisationsmuster hindeutet, sondern sich durch die gesamte Gesellschaft hindurchzieht. Gegen den Revolutionsbegriff argumentieren z. B. jene Kommunisten, die der DDR nachtrauern; jene Personen, die mit «1989» keine Freiheitsbewegung verbinden; jene Ostler, die tief enttäuscht darüber sind, dass es ihnen sozial und materiell schlechter als vor 1989 gehe und die zugleich Freiheit als eine Überforderung erleben; jene (westlichen) Analytiker, die vor 1989 in der DDR keine Diktatur sahen und nun noch immer Recht haben wollen; jene «89er», die sich etwas anderes erträumten als «hinten» herauskam; jene Revolutionsromantiker, die Revolutionen mit Terror, Blut und etwas gesellschaftlich ganz Neuem verbinden; jene Konservativen, die auf den Staat fixiert sind und der Gesellschaft eher argwöhnisch gegenüberstehen; jene Politiker und Journalisten, die die Ostdeutschen als Last, als lästig und als «undankbar» empfinden; und schließlich jene Revolutionsneider, die einfach nicht akzeptieren mögen, dass sich eine Revolution vor ihrer Haustür vollzog und sie diese verschliefen. Eines aber ist besonders frappierend: die größten Gegner der deutschen Einheit saßen nicht in der DDR, sondern äußerten sich lautstark in der alten Bundesrepublik. Das mag heute keiner mehr gern hören, es war aber so. Spätere Generationen werden sich hoffentlich wundern darüber, warum sich die deutsche Gesellschaft so schwer tat, die Ereignisse von 1989/90 als das zu benennen, was sie waren: eine Revolution, eine geglückte Freiheitsrevolution, die auch noch zum Einheitsglück führte.

Nachleben

95. Hätte die Bundesrepublik von der DDR etwas lernen können? In einem hatten die SED-Theoretiker Recht: die Systeme der DDR und der Bundesrepublik waren unversöhnlich. Die Suche nach einem «dritten Weg», der das «Gute» beider Systeme in einem völlig neuen vereint, beruht auf einer Annahme, die historisch verfehlt ist. Denn es geht nicht um «gut» oder «schlecht», sondern um «frei» oder «unfrei». Ein bisschen «gut» hier, ein bisschen «schlecht» dort – daraus kann man tatsächlich etwas Drittes schmieden. Aber ein bisschen «frei» gibt es so wenig wie ein bisschen «unfrei». Dies gibt es jeweils nur ganz. Und aus zwei «Ganzen» lässt sich nichts Drittes machen. Man muss sich für eine Seite entscheiden.

Was auch immer der Einzelne in der DDR als positiv wahrgenommen oder erlebt haben mag, es funktionierte nur im Rahmen eines extrem unfreiheitlichen Systems. Alles kam in der DDR als Geschenk des Staates daher, so wie Eltern ihre Kinder beschenken. Verhielten die Menschen sich nicht so, wie von «Vater Staat» gewünscht oder erhofft, entzog er ihnen nicht nur seine Liebe und verteilte Strafen bis zum Mord an der Mauer, er konnte auch jederzeit Geschenke wieder einziehen, ohne dass sich der Einzelne dagegen rechtsstaatlich wehren konnte. Die gesamte Gesellschaftspolitik der SED baute auf diesem Prinzip auf.

Aus der Geschichte lernen zu wollen, ist ein hehrer Vorsatz, der fast immer an der Realität zerbricht. Die Bundesrepublik z. B. gab sich ein Grundgesetz, das auf den Lehren der Vergangenheit basierte. Und doch leben wir in einer Gesellschaft, die noch immer Rassismus und Antisemitismus nicht überwunden hat, auch wenn das Millionen leugnen. Unsere Gesellschaft hat in den letzten Jahren immer mehr Menschen von der Teilhabe an ihren Segnungen ausgeschlossen: wegen fehlender Bildung, wegen fehlender Arbeitsmöglichkeiten, wegen anderer Sozialisationsmuster, wegen anderer Herkünfte, wegen anderer religiöser Identitäten. Wir leben in einer Gesellschaft, deren Kraft zur Integration aller – «die Würde des Menschen ist unantastbar» – bedroht ist. Vielleicht ist dies dann doch etwas, was unsere Gesellschaft von «1989», nicht von der DDR!, lernen sollte: Freiheit und soziale Gerechtigkeit (nicht Gleichheit!) gehören zusammen. Freiheitliche Demokratie lebt von der «Einmischung in die eigenen Angelegenheiten» (Jürgen Fuchs) und davon, dass dabei jeder und jede seinen anerkannten Platz beanspruchen darf. Nur wenn ich mit der gleichen Vehemenz das Freiheitsrecht meiner Nachbarn, woher sie auch kommen, welchem Glauben sie anhängen und wie sie aussehen mögen, verteidige wie mein eigenes, kommen wir dem Prinzip freiheitlicher und solidarischer Gesellschaften – regional, national, transnational und global gleichermaßen – wenigstens nahe.

96. Warum ist eine Ostdeutsche Bundeskanzlerin geworden?
Immer wenn Bürger und Bürgerinnen aus dem Osten in hohe und höchste Ämter gewählt oder berufen werden, erscheint dies noch fast 20 Jahre nach der Einheit wie eine Sensation. Das einzige Amt, das bislang quasi von Geburt her Ostdeutschen vorbehalten blieb, ist der Chefsessel der Stasiunterlagenbehörde. Dies scheint vielen logisch, handelt es sich doch hier um «ostdeutsche Angelegenheiten». Experten freilich wissen schon seit langem, dass auch die Geschichte des MfS und der DDR nicht auf das eingemauerte Land beschränkt blieb.

Angela Merkel aber ist Bundeskanzlerin geworden, weil die CDU sie zu ihrer Spitzenkandidatin kürte, weil die CDU als stärkste Kraft aus den Bundestagswahlen hervorging, weil es seit 1990 ein Deutschland gibt, weil Merkel in der SED-Diktatur integer lebte, weil sie nach Macht strebt, weil sie ein Machtmensch ist, weil sie es in der Krise der Union wagte, gegen ihren politischen Ziehvater Kohl aufzubegehren, weil sie bei vielen Menschen gut ankommt, weil sie ihr Ostdeutschsein weder vermarktet noch beschweigt, weil sie als politische Seiteneinsteigerin unkonventionell geblieben ist, weil sie als Politikerin die Gesetze des Geschäftes kennt, weil sie authentisch ist, weil eine Frau endlich das wichtigste politische Amt innehaben sollte, weil sie unnahbar wirkt – weil es viele Erklärungen gibt, die aber letztlich nichts mit ihrer Herkunft zu tun haben. Angela Merkel ist Bundeskanzlerin geworden, weil es der Zeitgeist und der Wählerwille so wollten.

97. Warum müssen wir uns mit der DDR beschäftigen?
Zum Glück leben wir in einer Gesellschaft, in der man sich als mündiger Bürger, wenn man nicht will, mit gar nichts beschäftigen muss. Wenn man aber die jüngere deutsche und europäische Teilungsgeschichte verstehen möchte, so ist es ratsam, sich auch mit der DDR-Geschichte auseinander zu setzen. Sie bietet gutes Anschauungsmaterial dafür, wie eine Diktatur funktioniert, wie sich Menschen darin verhalten

und wie gefährlich es ist, eine Ideologie zur allein selig machenden zu küren. Auch um die Biographien und kulturellen Prägungen der Ostdeutschen zu verstehen, sind Kenntnisse über die politischen und gesellschaftlichen Rahmenbedingungen vonnöten. Da die DDR immer im Spannungsfeld von Ost und West existierte und dieser Ost-West-Konflikt im besonderen Maße im geteilten Deutschland zutage trat, sind auch viele Entwicklungen in der Bundesrepublik ohne die Berücksichtigung der DDR nicht verständlich. Insofern ist die deutsche Zeitgeschichte in der Teilung zwar eine doppelte, die aber verzahnt war und deshalb heute auch zusammen betrachtet werden sollte.

Seit vielen Jahren fördern Untersuchungen immer wieder ans Tageslicht, dass die Kenntnisse über die DDR-Geschichte sehr gering ausfallen. Oft wird sich an den Schulen nicht mit ihr beschäftigt, im Osten meist auch deshalb nicht, weil viele Lehrer das Thema unter fadenscheinigen Gründen meiden – sie könnten ja nach ihrer eigenen Biographie befragt werden –, und auch viele Familien sprechen nicht ernsthaft darüber. Aber man sollte, wie es leider üblich ist, nicht hysterisch reagieren. Denn so beklagenswert das ist, ebenso ist doch zu kritisieren, dass die Kenntnisse über Geschichte ganz allgemein meist gering sind und zwar nicht nur was das Mittelalter oder die Frühe Neuzeit anbelangt, sondern ebenso im Bereich der jüngsten Geschichte mit Erstem Weltkrieg, Kolonialismus, Weimarer Republik, Nationalsozialismus, Zweitem Weltkrieg oder Bundesrepublik – ganz zu schweigen von nichtdeutscher oder gar nichteuropäischer Geschichte.

98. Warum gibt es Ostalgie? Wenn historische Epochen zu Ende gehen und gesellschaftlich etwas Neues beginnt, erinnern sich die Zeitzeugen oft mit einer gewissen Wehmut an «früher». Da die gewohnten Bahnen verlassen werden, das Alltagsleben sich ändert, viele neue Herausforderungen zu meistern sind und schmerzliche Erfahrungen gesammelt werden müssen, blicken die Menschen nostalgisch zurück und meinen, «ach, früher war doch alles einfacher» oder gar «früher war alles besser». Das Wort «Ostalgie» meint zunächst nichts anderes als eine Verbindung von solcherart harmloser «Nostalgie» und dem regionalspezifischen «Osten». Problematisch wird solche Erinnerungsarbeit erst, wenn auch die politische Verhältnisse schöngeredet oder gar verharmlost werden und solche Ostalgiker sich Verhältnisse wie in der DDR herbeiwünschen. Mit der realen historischen DDR haben solche Sehnsüchte allerdings fast nie etwas zu tun, weil die Ostalgiker zur Verklärung, Verharmlosung oder schlicht historischen Realitätsverweigerung neigen.

Nach 1990 haben nun aber nicht nur diejenigen der DDR nachgetrauert, die auch schon 1989 gegen die Revolution waren. Im Laufe der neunziger Jahre entwickelten immer mehr Menschen ostalgische Gefühle. Denn der deutsche Einigungsprozess lief keinesfalls konfliktfrei, ohne Widersprüche oder Fehler ab. Ganz im Gegenteil. Viele Menschen fühlten sich einfach nur überrannt und neu bevormundet. Gerade weil der Beamtenapparat notwendigerweise vor allem mit Westdeutschen bestückt werden musste, kam es zu einer Überformung ostdeutscher Lebenskulturen und Mentalitäten. Oft bestimmte die zweite und dritte Garnitur aus dem Westen – die im Osten unverhoffte Karrieremöglichkeiten erhielt –, was für die Ostler «gut», «richtig» und «wegweisend» zu sein habe. Ostler verfügten auch über keine belastbaren Netzwerke – sie standen und stehen am Rand, so oftmals die Wahrnehmung, als belächelte «Exoten». Die Treuhandpolitik bevorzugte überdies Westdeutsche, viele Ostdeutsche hatten das Nachsehen; windige Geschäftemacher bereicherten sich am Osten; es gab hier historisch bedingt weder Finanzkapital noch private Vermögen von gesellschaftlicher Relevanz; in der Öffentlichkeit waren ostdeutsche Stimmen – außer der SED/PDS/Linkspartei – viele Jahre unterrepräsentiert; fast alle Ostprodukte verschwanden aus den Geschäften, weil die Betriebe eingingen (aber nicht nur wegen der Treuhand, sondern auch weil die meisten Ostdeutschen in den ersten Jahren nach 1990 keine Ostprodukte konsumieren wollten); viele Menschen haben den öffentlichen Umgang mit der DDR zudem als Entwertung ihrer eigenen Biographie empfunden, was wiederum durch Massenarbeitslosigkeit und andere soziale Verwerfungen noch verstärkt wurde. Auch wenn der deutsche Einigungsprozess insgesamt eine Erfolgsgeschichte darstellt – darüber dürfen die vielen Fehler und Ungerechtigkeiten, Selbstgerechtigkeiten und arroganten Fehlleistungen nicht vergessen werden. Ostalgie ist so auch eine Art Trutzburg der individuellen wie kollektiven Selbstbehauptung. Den Ostalgikern sei pathetisch zugerufen: Ja, Ihr habt Recht, die Westler sollten sich für Eure Erfahrungen und Geschichten interessieren. Nur, muss man ebenso rufen: Wann habt Ihr Euch eigentlich für deren Erfahrungen und Geschichten interessiert?

Im Übrigen gibt es auch Westalgie. Viele Alt-Bundesbürger verklären die Bonner Republik der siebziger und achtziger Jahre, sehnen sich nach ihr zurück und noch immer gibt es Menschen, die von Westalgie befallen die Mauer zurückwünschen. Das sagen natürlich die wenigsten laut, aber: Ostalgie wie Westalgie sind letztlich Zeichen der Unzufriedenheit mit der Gegenwart und fehlender Zukunftshoffnungen. Politisch muss man dies ernst nehmen, kulturell kann man darauf gelassen reagieren. Freiheitliche Gesellschaften beweisen ihre Kraft gerade in solcher Gelassenheit und darin, auch die Unzufriedenen zu integrieren.

99. Ist «Die Linke» Nachfolgepartei der SED? Die im April 1946 gegründete SED – hervorgegangen aus der Zwangsvereinigung von KPD und SPD in der SBZ – existiert formaljuristisch noch heute. Im Dezember 1989 ist sie in «SED/PDS» und im Februar 1990 in «Partei des Demokratischen Sozialismus» (PDS) umbenannt worden. Es war keine juristische Neugründung, weil nach einer Auflösung der SED die Partei ihren materiellen Besitz verloren hätte, weshalb sich die Parteimehrheit für eine Umbenennung entschloss. Zwar büßte sie Milliarden ein, konnte aber auch vieles behalten – wie viel und was genau, ist bis heute unklar. Im Juni 2007 trat die WASG der PDS bei und seither nennt sie sich «Die Linke». Auch hier lag aus ähnlichen Gründen keine Neugründung vor, sondern abermals eine Umbenennung.

Es wäre aber zu einfach, «Die Linke» als in der Tradition der SED stehend zu bezeichnen. Zwar kommt die Mehrheit der rund 75 000 Mitglieder immer noch aus der SED (etwa 75 %), aber ihr Profil und ihre politischen Aussagen unterscheiden sich deutlich. Sie vereint heute politische Kräfte, die das gesamte linke politische Spektrum von linksliberal und linker Sozialdemokratie bis hin zu kommunistischen und linksradikalen Milieus spiegelt.

Über die Zukunft der «Linken» ist seit 1990 viel geschrieben worden. Fast immer wurde ihr baldiges Aus prognostiziert. Sie ist immer noch da. Es hat auch nicht den Anschein, dass sich daran so bald etwas ändern wird. Eine historische Leistung der Crew um Gregor Gysi und Lothar Bisky ist bisher zu wenig gewürdigt worden. Durch die Fortexistenz der SED sind viele Gegner der Einheit und der bundesrepublikanischen Gesellschaft im Osten gesellschaftspolitisch integriert worden. Die Partei bot ihnen eine Plattform und diente ihnen als Sprachrohr, Kritik zu äußern und dabei doch allmählich in der neuen Gesellschaft anzukommen. Dies mag ein unbeabsichtigter Effekt gewesen sein, aber er funktionierte und trug so zum friedlichen Verlauf des Einigungsprozesses bei. Ein Verbot hätte unweigerlich eine größere ostdeutsche Menschengruppe ins politische Abseits, vielleicht sogar in den Untergrund geführt. In jedem Falle hätte diese außerparlamentarische Opposition das Potential zur Radikalisierung gehabt.

Im Übrigen sollte man damit aufhören, den Osten mit der «Linkspartei» zu verwechseln. Seit 1990 haben bislang immer deutlich mehr als zwei Drittel der ostdeutschen Wähler und Wählerinnen andere Parteien gewählt. Das wird in der Öffentlichkeit viel zu wenig gewürdigt. Die Medien tragen erheblich zu diesem schiefen Bild bei. Sucht eine Talkshow einen Ost-Vertreter, so sitzt meist ein hoher Funktionär der PDS/Linkspartei – vornehmlich Gregor Gysi – in den illustren Runden und darf sich als Interessensvertreter des Ostens gerieren. Dass die Partei auch hier nur eine Minderheit vertritt, wird so übergangen. Auch die ostdeutsche Gesellschaft ist von großer Pluralität gekennzeichnet.

100. Warum war das neue Europa nur nach dem Mauerfall möglich? Der Mauerdurchbruch steht symbolisch für das endgültige Ende des Kalten Krieges. Das war nur möglich, weil die Gesellschaften im Osten die Kommunisten entmachteten und weil die Sowjetunion der Auflösung ihres Blocks keine militärische Gewalt außerhalb ihrer Staatsgrenzen entgegenstellte. Polen oder Ungarn, die ČSSR oder die DDR wurden aus der Abhängigkeit Moskaus entlassen und konnten fortan eigene Wege gehen. Die Wiedervereinigung Deutschlands war an mehrere Voraussetzungen, die international ausgehandelt worden waren, gebunden: die Westgrenze Polens wurde endgültig anerkannt, der Abzug der sowjetischen Truppen aus Ostdeutschland erfolgte bis 1994 und wurde von der Bundesrepublik großzügig bezahlt, Deutschland blieb Mitglied der NATO, und den selbstbefreiten postkommunistischen Staaten wurde in Aussicht gestellt, Mitglied der EU zu werden. Ihre NATO-Mitgliedschaft stand zunächst nicht zur Debatte, kam aber später auch hinzu.

Die Osterweiterung der EU war das Ergebnis eines Prozesses, der den kommunistischen Staaten erst die selbst errungene Freiheit brachte, dann Deutschland die Einheit, die wiederum die Einbindung der postkommunistischen Staaten in die EU möglich machte. Wären z. B. nur Polen und Ungarn aus dem Ostblock ausgeschert und die DDR als strategischer Vorposten der UdSSR weiterhin Teil des Moskauer Herrschaftsbereiches geblieben, was die Fortexistenz der Mauer zwingend eingeschlossen hätte, so hätte Moskau weder aus politischen noch ökonomischen oder militärstrategischen Gründen der EU- und NATO-Osterweiterung zustimmen können, weil dies immer als Angriff auf ihre Sicherheitsbedürfnisse interpretiert worden wäre.

101. Ist die DDR bloß eine historische Fußnote?

Am Abend des 18. März 1990, nach der Bekanntgabe der Ergebnisse zu den ersten demokratischen Volkskammerwahlen, sagte der berühmte Schriftsteller Stefan Heym: «Es wird keine DDR mehr geben. Sie wird nichts sein als eine Fußnote in der Weltgeschichte.» Er hatte Recht.[1]

---

1 Fußnoten haben allerdings in historischen Betrachtungen eine ganz wichtige Funktion. Gerade Historiker arbeiten viel mit ihnen. In Fußnoten werden Quellenbelege als Beweise angeführt, weiterführende Literatur wird angegeben, auch solche Arbeiten, auf denen die eigene Argumentation aufbaut oder gegen die sich die vertretene Interpretation oder historische Rekonstruktion richtet. Oft dienen Fußnoten auch dazu, etwas zu präzisieren oder weiterführende, aber im Haupttext eher vom Thema wegführende Aussagen zu treffen.

Dies zeigt schon, dass alles und jedes zur Fußnote werden kann. Es kommt nämlich dabei noch immer auf die Perspektive an. In Geschichten der Antike oder des Mittelalters kommt unsere ganze moderne Geschichte meist nicht vor, ist nicht einmal Fußnote. In einer Geschichte des Vietnamkrieges könnten beide deutschen Staaten allenfalls als Fußnoten vorkommen. In einer Geschichte der Bundesrepublik die DDR nur als Fußnote abzuhandeln, wäre so verkürzt, dass es schon falsch wäre. Umgekehrt gilt dies genauso.

Die polemische Rede von der DDR als historischer Fußnote ist im März 1990 als Ausdruck tiefer Enttäuschungen einiger, dass es so schnell keine neuen Gesellschaftsversuche geben wird, durchaus zu erklären. Wenn Historiker aber heute so etwas behaupten, dann scheinen sie einen Teil ihres Jobs nicht ganz verstanden zu haben. Aber das macht eigentlich gar nichts, weil nicht jeder alles kann und es immer auch Experten etwa für die Geschichte der DDR geben wird, die aus dem Material, das die einen in einer Fußnote abhandeln, spannende und gelehrte Bücher oder Filme komponieren werden. Mindestens für Historiker gibt es nämlich keine unspannende Vergangenheit. Sie werden immer wieder aufs Neue aus Vergangenheiten Geschichten konstruieren und aufschreiben. Mit der DDR-Vergangenheit wird das nicht anders sein. Ihre Brisanz freilich wird mit größer werdendem Abstand zu ihrem Untergang weiter verloren gehen. Aber eine Versachlichung von Auseinandersetzungen über historische Entwicklungen und Ergebnisse hat ja noch nie geschadet. Und diese wird sich in Haupttexten ebenso niederschlagen wie in Fußnoten.

Auswahlbibliographie

Boyer, Christoph (Hrsg.): Geschichte der Sozialpolitik in Deutschland seit 1945. Band 10: DDR, 1971–1989. Baden-Baden 2008
Eisenfeld, Bernd, Roger Engelmann: 13.8.1961: Mauerbau. Bremen 2001
Fricke, Karl Wilhelm: Der Wahrheit verpflichtet. Texte aus fünf Jahrzehnten zur Geschichte der DDR. Berlin 2000
Galenza; Ronald, Heinz Havemeister (Hrsg.): Wir wollen immer artig sein ... Punk, New Wave, HipHop, Independent-Szene in der DDR 1980–1990. 2. Aufl., Berlin 1999
Gieseke, Jens: Mielke-Konzern. Die Geschichte der Stasi 1945–1990. 3., erw. Aufl., München 2006
Holzweißig, Gunter: Die schärfste Waffe der Partei. Eine Mediengeschichte der DDR. Köln, Weimar, Wien 2002
Hoffmann, Dierk, Michael Schwartz: Geschichte der Sozialpolitik in Deutschland seit 1945. Band 8: DDR, 1949–1961. Baden-Baden 2004
Judt, Matthias (Hrsg.): DDR-Geschichte in Dokumenten. Beschlüsse, Berichte, interne Materialien und Alltagszeugnisse. Berlin 1997
Kleßmann, Christoph (Hrsg.): Geschichte der Sozialpolitik in Deutschland seit 1945. Band 9: DDR, 1961–1971. Baden-Baden 2006
Ders.: Arbeiter im «Arbeiterstaat» DDR. Deutsche Traditionen, sowjetisches Modell, westdeutsches Magnetfeld (1945 bis 1971). Bonn 2007
Kloth, Hans-Michael: Vom «Zettelfalten» zum freien Wählen. Die Demokratisierung der DDR 1989/90 und die «Wahlfrage». Berlin 2000
Knabe, Hubertus: Die Täter sind unter uns. Über das Schönreden der SED-Diktatur. Berlin 2007
Kowalczuk, Ilko-Sascha: 17. Juni 1953 – Volksaufstand in der DDR. Ursachen – Abläufe – Folgen. Bremen 2003
Ders.: Das bewegte Jahrzehnt. Geschichte der DDR von 1949 bis 1961. Bonn 2003
Ders.: Endspiel. Die Revolution von 1989 in der DDR. München 2009
Ders., Tom Sello (Hrsg.): «Für ein freies Land mit freien Menschen.» Opposition und Widerstand in Biographien und Fotos. Berlin 2006
Lokatis, Siegfried, Ingrid Sonntag (Hrsg.): Heimliche Leser in der DDR. Kontrolle und Verbreitung unerlaubter Literatur. Berlin 2008
Mählert, Ulrich: Kleine Geschichte der DDR. 6., überarb. Aufl., München 2009
Materialien der Enquete-Kommission «Aufarbeitung von Geschichte und Folgen der SED-Diktatur in Deutschland», Baden-Baden 1995 (18 Bde.)
Materialien der Enquete-Kommission «Überwindung der Folgen der SED-Diktatur im Prozess der deutschen Einheit», Baden-Baden 1999 (15 Bde.)

Mitter, Armin, Stefan Wolle: Untergang auf Raten. Unbekannte Kapitel der DDR-Geschichte. München 1993

Neubert, Ehrhart: Geschichte der Opposition in der DDR 1949–1989. 2. Aufl., Berlin 1998

Pingel-Schliemann, Sandra: Zersetzen. Strategie einer Diktatur. Berlin 2002

Rauhut, Michael: Rock in der DDR 1964 bis 1989. Bonn 2002

Ders., Thomas Kochan (Hrsg.): Bye Bye, Lübben City. Bluesfreaks, Tramps und Hippies in der DDR. Berlin 2003

Ritter, Gerhard A.: Der Preis der deutschen Einheit. Die Wiedervereinigung und die Krise des Sozialstaats. München 2006

Ders.: Wir sind das Volk! Wir sind ein Volk! München 2009

Schöne, Jens: Frühling auf dem Lande? Die Kollektivierung der DDR-Landwirtschaft. Berlin 2007

Peter Skyba: Vom Hoffnungsträger zum Sicherheitsrisiko. Jugend in der DDR und Jugendpolitik der SED 1949–1961. Köln, Weimar, Wien 2000

Steiner, André: Von Plan zu Plan. Eine Wirtschaftsgeschichte der DDR. München 2004

Walther, Joachim: Sicherungsbereich Literatur. Schriftsteller und Staatssicherheit in der DDR. Berlin 1996

Weber, Hermann: Die DDR 1945–1990. 3., überarb. und erw. Aufl., München 1999

Wentker, Hermann: Außenpolitik in engen Grenzen. Die DDR im internationalen System 1949–1989. München 2007

Wer war wer in der DDR? Ein Lexikon ostdeutscher Biographien. 2 Bde., Berlin 2009

Werkentin, Falco: Politische Strafjustiz in der Ära Ulbricht. Berlin 1995

Wolle, Stefan: Die heile Welt der Diktatur. Alltag und Herrschaft in der DDR 1971–1989. Berlin 1998

Ders.: Der Traum von der Revolte. Die DDR 1968. Berlin 2008

Bildnachweis

S. 13   SED Emblem © TV Yesterday
S. 27   Wappen der Stasi © BStU
S. 50   Breschnew-Honecker-Kuss © akg-images / AP
S. 64   intershop © ullstein bild / Schneider
S. 81   Trabant © ullstein bild / Probst
S. 95   Heinrich Witz, Gruppenbild mit Ulbricht © akg-images
S. 112 Schwerter zu Pflugscharen © ullstein bild / Lange
S. 129 DDR – November-Demonstration 1989 © Günter Gueffroy / picture-alliance / ZB
S. 150 DDR-Ampelmännchen © akg-images / ddrbildarchiv.de

Deutsche Geschichte bei C. H. Beck

Edgar Wolfrum
Die 101 wichtigsten Fragen: Bundesrepublik Deutschland
2009. 152 Seiten. Paperback
Beck'sche Reihe Band 7018

Edgar Wolfrum
Die Mauer
Geschichte einer Teilung
2009. 192 Seiten mit 25 Abbildungen. Gebunden

Andreas Rödder
Deutschland einig Vaterland
Die Geschichte der Wiedervereinigung
2009. 490 Seiten mit 35 Abbildungen. Gebunden

Gerhard A. Ritter
Wir sind das Volk! Wir sind ein Volk!
Geschichte der deutschen Einigung
2009. 192 Seiten mit 3 Abbildungen. Paperback
Beck'sche Reihe Band 1937

Ilko-Sascha Kowalczuk
Endspiel
Die Revolution von 1989 in der DDR
2. Auflage. 2009. 608 Seiten. Gebunden

Martin Sabrow (Hrsg.)
Erinnerungsorte der DDR
2009. 620 Seiten mit 54 Abbildungen. Gebunden

Verlag C. H. Beck München